はじめての

担保物権法

第2版

角　紀代恵
著

有斐閣
yuhikaku

第２版　はしがき

本書の初版を出版したのは，2013年です。それから，あっという間に７年間が過ぎました。その間に，年号も平成から令和に変わり，2017（平成29）年６月には債権法の大改正があり，2020（令和２）年４月１日から施行されました。民法の中の小宇宙とよばれるだけあって，担保物権法の分野については，条文自体が改正されたものは，ほとんどありませんでしたが，それでも，改正の影響を受けずにはいられません。また，新しい判例も出されたので，改正債権法が施行されたのを機に，第２版を出版することにしました。

さて，現在，将来の法改正も視野に入れて，中堅の学者を中心とした「動産・債権を中心とした担保法制に関する研究会」が開催されています。債権担保を研究してきた著者としては，この研究会の議論の一端なりとも，本書で紹介したかったのですが，まだまだ，議論の途上であるために，残念ながら，言及できませんでした。

第２版の出版にあたっては，初版の時と同様に，藤本依子さんにお世話になりました。また，筆者は，この３月に25年間教えた立教大学法学部を定年退職し，現在は，弁護士として島田法律事務所に籍をおいており，事務所のみなさんにとても親切にしていただいています。この場を借りてお礼申し上げます。

2021年１月

COVID-19の一日も早い終息を願って

角　紀代恵

初版　はしがき

本書『はじめての担保物権法』は，その題名が示すように，担保物権法を勉強する上で基本となる知識と考え方を提供することを目指しています。したがって，本書においては，担保物権の諸制度について，その制度趣旨にまで立ち返るとともに，できるだけ平易でわかりやすく説明するように心がけたつもりです。

金融という経済の根幹に深く関わる担保物権法は，世の中の動きにつれて，非常に変化の激しい領域といえるかと思います。しかし，変化の激しい領域だからこそ，浅薄な理解に陥らないように，まず，その制度趣旨にまで遡って，きちんと理解する必要があります。

ところで，「担保物権法は技術的性格が強く，理解が困難な分野である」といわれることがあります。その原因の一つとして，担保物権の諸制度について，制度趣旨にまで立ち返って理解していないことが挙げられると思います。制度趣旨をきちんと理解していれば，ある制度をめぐる様々な事例について，頭から丸覚えする必要はなく，自分の頭で考えて結論に達することができます。また，担保物権は，その効力が現実に発揮される執行手続と不即不離の関係にあります。そこで，担保物権のイメージが少しでもつかめるように，紙幅の許す限り，執行手続についても説明しました。

本書は，初学者を対象としているために，学説を網羅的には取り上げていません。しかし，今後，勉強を進める上で欠かせない最新の判例・学説や，一歩進んだ問題も取り上げています。これらは，主に，Column で扱っています。本書を読むに際して，初学者の人は，Column については，最初は飛ばして，全体を頭に入れてから，もう一度，戻って読むことをお勧めします。なお，担保物権法は，債権の効力を理解していないとよくわからないと思います。本書も，初学者を対象としているとはいえ，債権総論を勉強していないと理解しづらいところが少なくないと思います。そこで，できるならば，本書を読む前に債権総論を勉強してほしいと思います。

筆者に，担保物権法の教科書を書くように勧めてくださったのは，いつのことだったか，今となっては，記憶もおぼろですが，今は亡き星野英一先生だったということは鮮明に覚えています。その後，ずいぶんと時間が経ってしまいましたが，やっと，担保物権法の教科書を上梓することができました。この間，藤本依子さんをはじめとする有斐閣の編集部のみなさんの暖かい励ましがなかったら本書は日の目を見ることがなかったと思います。星野英一先生のご冥福をお祈りするとともに，有斐閣の編集部のみなさんには，この場を借りて，お礼を申し上げます。

2013 年 3 月

花ぐもりの日に

角　紀代恵

目　次

第4章　非典型担保　165

● Column

第1章

第2章

第3章

凡　　例

(1)　法　　令

本文中では原則として省略せず，(　) 内で引用する場合には，「民法」は省略し，その他は有斐閣版『六法全書』巻末の「法令名略語」に従う。

(2)　判　　例

最判平成 19 年 7 月 6 日民集 61 巻 5 号 1990 頁

＝最高裁判所平成 19 年 7 月 6 日判決，最高裁判所民事判例集 61 巻 5 号 1990 頁所収

大判（決）	大審院判決（決定）
大連判（決）	大審院連合部判決（決定）
最判（決）	最高裁判所判決（決定）
最大判（決）	最高裁判所大法廷判決（決定）

〈判例集〉

民　録	大審院民事判決録
民　集	大審院民事判例集，最高裁判所民事判例集
集　民	最高裁判所裁判集民事
新　聞	法律新聞
判　時	判例時報
判　タ	判例タイムズ

(3)　本文・括弧内において，必要に応じ，参照箇所を示した。参照箇所が，同一の章内の場合には，章を省略した。節以下についても同じ。

序　章
担保の意義と全体像

1　担保の意味

民法において「担保」という用語が用いられるとき，その意味は，大きく2つに分けることができる。すなわち，第一に，ある債務者に対する特定の債権者が，同じ債務者に対する他の債権者よりも有利な形で自分の債権を回収できるようにする手段を指している。そして，第二に，ある特定の財産に欠陥があった場合に，それについて補いをなすこと――たとえば，共有の分割における261条・負担付贈与における551条2項――を意味している。本書の題名「はじめての担保物権法」にある「担保」は，いうまでもなく前者の意味である。

さて，一般には，ある債務者（A）に複数の債権者が存在する場合，これらの者の間には「債権者平等の原則」が妥当する。すなわち，複数の債権者は平等の割合で――その債権額に按分比例した割合で――債務者の有するすべての財産から，かつ，債務者の財産からのみ，自らの債権を回収することができる。

すると，たとえば，Aに対して5000万円の貸金債権を有するB_1がいたとする。Aは，弁済期が到来したのに，なかなか返してくれないので，B_1は，「もはや，これまで！」とばかりに強制的に債権を回収することにした。その方法は，一般的には，Aに対して貸金返還請求訴訟を提起し，その訴訟における勝訴判決を債務名義として，Aの財産について強制執行手続をとることになる。すなわち，裁判所に，Aの財産を差し押さえてもらい，それを競売手続において換価し，そこで得られた換価金を裁判所に配当してもらい，債権を回収するというわけである。

ところが，差押えを受ける債務者は，通常，借金の方が財産より多いというのが相場である。つまり，債権者は，B_1以外にもいて，それらの債権者の債権額は，債務者Aの財産の額よりも多いということである。

たとえば，今，B_1は，Aの甲不動産を差し押さえてもらおうとしているとしよう。この不動産は，ざっと見積もって6000万円だとしよう。しかし，Aには，B_1以外にも，B_2（債権額3000万円），B_3（債権額4000万円）がいて，B_2，B_3ともに，B_1が始めた強制執行手続において「自分にも配当せよ！」と要求してきたとする。このとき，債権者平等の原則によって，甲不動産の売却代金6000万円は，B_1，B_2，B_3に，その債権額の割合である5対3対4で分配される。すなわち，B_1 は 2500 万円，B_2 は 1500 万円，B_3 は 2000 万円ということになる。強制執行手続を開始した B_1 が優遇されることはない。

このような中で，ある債権者（B_1）が他の債権者よりも有利な形で，その債権を回収しようとするとき，2つの方法を考えることができる。

第一は，B_1 が引当てにすることができる財産——具体的には，強制執行の対象とすることができる財産——を大きくする方法である。このためには，第三者Cの財産を用いるしか手はない。このようにして行う債権弁済の確保手段が「保証」である。

「保証」の場合には，B_1 は債務者Aの財産に加えて保証人Cの財産をすべて引当てにすることはできるが，そこではあいかわらず債権者平等の原則が妥当するので，B_1 にとっては，債権の引当てにすることができる財産がA一人の財産からAとCの財産に拡大はするが，Cの財産についてCの債権者との関係で優先的地位が得られるわけではない。したがって，仮に，C自身もその積極財産を超える債務を抱えている場合には，B_1 は，Cからも，Aに対する債権全額を回収することはできない。このように，「保証」は，保証人Cが十分な財産を有しているか否かにその「担保」としての実効性がかかっていることから，「人的担保」とよばれている。

もう1つは，Aあるいは他の者（D）が有する財産のうち一定のもの——たとえば，甲土地なら甲土地——を，そこから B_1 が自分の債権を優先的に回収することができるように別扱いする方法である。比喩的にいえば，B_1 が，債務者であるAあるいは第三者D——このような第三者を「物上保証人」という——が有する財産のうち一定のものについて，「もし，Aがちゃんと弁済してくれなかったならば，この財産を売却した代金から優先して支払ってもらいますよ！」といって，あらかじめつばをつけておく方法である。人的担保である保証とは異なり，債務者あるいは第三者のある特定の財産を別扱いする担保方法にあっては，債権者がどれだけ債権を回収できるかは，その別扱いとされた財産の価値に「担保」としての実効性がかかっており，「物的担保」あるいは別扱いとされた財産を担保の目的物とすることから「担保物権」とよばれている。

2　担 保 物 権

本書は，担保物権について扱う。具体的には，295条から398条の22が定める担保物権――これらを「典型担保」という――に加えて，「非典型担保」である譲渡担保，仮登記担保，所有権留保について扱う。ここでは，それらを概観することにしよう。

(1)　典 型 担 保

まず，民法が定める担保物権からみていくことにする。民法は，担保物権として，「留置権」(295条～302条)，「先取特権」(303条～341条)，「質権」(342条～366条)，「抵当権」(369条～398条の22) の4種類を定めている。これらの担保物権は，そもそも法律上，担保の機能を果たすべき権利として創設されたものであり，制限物権の形をとっており，典型担保とよばれる。なお，典型担保には，民法以外の法律で定められているものもある (たとえば，商法848条が定める船舶抵当権)。

(ア)　発生原因による分類――法定担保物権と約定担保物権

「留置権」と「先取特権」は，一定の種類の債権について，法律の規定によって与えられる担保物権である。すなわち，法は，一定の種類の債権にあっては，その債権者は他の債権者に比して特に保護されるべきであると考えて，これらの債権を被担保債権とする担保物権の成立を認め，債権者が優先的にその債権を回収することを認めた。このような担保物権を「法定担保物権」という。

たとえば，308条によれば，従業員は，その雇主の総財産の上に，未払給料債権を被担保債権とする先取特権を有する。これは，法が，給料債権は，従業員の生活の基盤をなすものであるので，雇主の取引先が有している債権よりも，より保護されるべきであるとの判断に立っているわけである。これによって，雇主が倒産したときは，従業員は，雇主の取引先よりも優先して，未払給料債権を回収することができる。

これに対して，「質権」と「抵当権」は，「約定担保物権」である。法定担保物権が，一定の種類の債権者に対して，法律上，当然に与えられるのに対して，約定担保物権にあっては，その成立には，債権者と担保物権の目的となった財産を保有している者——債務者あるいは物上保証人——との合意が必要である。これにより，債権者は，当該財産について優先権を取得することができるので，当該財産の価値がしっかりしていれば，債務者自身の財産状態が十分でなくても，安心して，信用供与ができる。

なお，債権者が担保目的物の価値のみに頼って安易な融資を続けたところ，そのつけが回ってきたのが，バブル崩壊による金融機関の不良債権の山である。1990年代まで，日本は，土地の価格は右肩上がりであった。そこで，金融機関は，土地さえ担保にとれば債権回収は確実とばかりに貸し込んだところ，バブルがはじけて，土地の価格は急落，そこで，回収の見込みのない不良債権の山が築かれたというわけである。当時は，土地価格は永遠に上昇し続けるとの幻想の下に，たとえ，返済してもらえなくても，土地の売却代金で返済が十分可能だと考え，極端な話，融資時点の土地価格より多い金額が貸し付けられていたこともあったとのことである。

（イ）　担保権者の占有の有無による分類——占有型担保物権と非占有型担保物権

担保物権には，担保目的物の占有を担保権者に移す占有型担保物権と担保目的物の占有を担保権者に移す必要のない非占有型担保物権がある。法定担保物権のうち，留置権は，読んで字の如く，占有型担保物権であり，先取特権には，占有型（たとえば，運輸の先取特権〔318条〕）と非占有型（たとえば，動産売買の先取特権〔321条〕）が混在している。

非占有型担保物権は約定担保物権において重要である。すなわち，担保目的物が担保設定者の生活や営業に必要な場合には，非占有型担保物権でなければ実際上，担保に供することはできないし，また，債権者である担保権者にとっても，担保はいざとなれば，そこから債権の優先的回収がはかれればよいわけであり，また，担保目的物を手元に置いておかなければならないとなれば，その管理のコストもかかる。そこで，約定担保物権にあっては，非占有型担保物権が主流を占めることになる。そして，非占有型担保物権にあっては，担保目的物の占有は相変わらず，設定者の下にとどめられるために，外からは，ある物が担保の目的物になっているかどうかがわからないので，第三者保護のために「登記」に代表されるような「公示制度」が必要となる。

(2) 非典型担保

民法およびその他の法律が定める担保物権は，(1)で述べたように，典型担保とよばれ，制限物権の形をとっている。典型担保にあっては，例外もあるが，原則として，債権者である担保権者は，債務者の不履行時には，担保目的物を裁判所の行う競売によって換価してもらい，その換価金から優先的に配当を受けて自己の債権を回収するという権利を有している。しかし，この競売手続は，時間と手間がかかるために，債権者としては，何とか簡易な方法で実行できる担保手段を得たいと考えることになる。すなわち，債務者の不履行があったときには，裁判所の競売手続を経ずに優先的に担保目的物から債権の回収をはかる道はないかを探すことになる。そのようなニーズに導かれて実務界が発展させ，そして，判例によって認められた担保物権が非典型担保である。非典型担保にあっては，典型担保と同様に，債権者である担保権者は，担保目的物から優先的に弁済を受けるが，担保権者の有する権利の性質については，いまだ，一致をみていない。

非典型担保にも種類がある。すなわち，大雑把にいって，債務不履行時に担保設定者から債権者への担保目的物の権利の移転を行うことを予約する「仮登記担保」――今日，「仮登記担保契約に関する法律」によって規律されている――，あらかじめ権利を債権者に移転しておいて債務が履行されたら元の権利者である担保設定者に権利を戻す「譲渡担保」，また，売買代金債権を担保する手段として，債務が履行されるまで売買目的物の権利を売主が留保しておく「所有権留保」がある。

非典型担保にあっては，大雑把にいって，債権者は，担保目的物の所有権を取得するという方法によって，債権の優先弁済を受ける。すなわち，担保目的物の価額が被担保債権額より大きい場合を想起してもらえばわかると思うが，実質は担保でありながらそれより過大な形式がとられている。したがって，非典型担保にあっては，清算義務をはじめとして，いかに，担保の実質にあった処遇を与えるかが課題となる。

3 担保物権の通有性

ここで述べることは，担保物権に共通の性質といってもいいが，典型担保の中にあっても，必ずしも共通の性質とはいえないので，一応の整理として受け取っておいてほしい。

❶ 不可分性　要に，担保権者は，被担保債権全額の弁済を受けるまでは，目的物全部についてその権利を行うことができるという性質である。民法は，留置権について296条で規定し，同条を他の担保物権に準用している（305条・350条・372条）。

❷ 物上代位性　担保目的物の売却・賃貸・滅失または毀損によって担保目的物の所有者が受けるべき金銭その他の物，および，目的物に設定した物権の対価に対しても，担保権者が優先権を行使することができるという性質である。民法は，304条で先取特権について規定し，同条を他の担保物権に準用している（350条・372条）。

留置権は，そもそも優先弁済効がないので，留置権にはこの物上代位性はない。また，質権，抵当権についても，どのような場合に物上代位が認められるかは，個別に吟味しなければならないとされている。

❸ 付従性　担保物権は被担保債権を担保する権利であるから，被担保債権のないところには担保物権も存在できない。付従性とは，担保物権の発生には，被担保債権の存在を必要とし，被担保債権が消滅すれば，担保物権も，また，消滅するという性質を指す。しかし，付従性のうち，特に，発生における付従性は約定担保物権においては緩和されており，また，確定前の根抵当権においては，消滅における付従性もない。

❹ 随伴性　担保物権は被担保債権を担保するための権利であることから，被担保債権が譲渡されると担保物権もこれに伴って移転するという性質をいう。しかし，確定前の根抵当権にあっては，この随伴性も否定されている。

4 叙述の順序

本書では，典型担保，非典型担保の順に説明するが，典型担保は，民法の順序ではなく，約定担保物権である抵当権，質権，そして，次に，法定担保物権である留置権，先取特権の順に説明する。これは，現在，日本において最も用いられている担保物権である抵当権を学ぶことによって，担保物権についての土地勘が得られると考えたからである。そして，非典型担保は，仮登記担保，譲渡担保，所有権留保の順に説明する。

第1章
抵当権

第1節
はじめに

第2節
設定から実行まで

第3節
効　力

第4節
抵当権と用益権

第5節
第三取得者との関係

第6節
抵当権の処分

第7節
共同抵当

第8節
抵当権の消滅

第9節
根抵当権

第1節 はじめに

Aは，銀行から住宅ローンを借りて，マンションを買いたいと思っている。そこで，銀行に行って「お金を貸してください！」と頼んだところ，銀行は「貸してもいいけど，担保を出してください」と答えた。しかし，Aが担保に出せる財産としては，購入を計画しているマンションしかないとしよう。そこで，Aは，購入を計画しているマンションが現実に自分の物になったときに，それを担保にしてお金を借りることにした。この場合，通常，担保としてこのマンションを提供するに際して設定されるのが抵当権である。縁起のいい話ではないが，もし，Aが，ローンを払えないときには，銀行は，Aに設定してもらった抵当権に基づいて，このマンションを裁判所に頼んで売却してもらい，売却代金からAに対する債権を回収することになる。ここで，裁判所が売却する手続を競売手続といい，競売手続については民事執行法が定めている。

序章で述べたように，民法は，約定担保物権として，質権と抵当権を定めている。では，なぜ，住宅ローンで買った家には，質権ではなく，抵当権が設定されるのだろうか。それは，抵当権が非占有型担保物権であるのに対して，質権は占有型担保物権だからである。342条と369条を比べてほしい。369条1項にあるように，抵当権にあっては目的物の占有を設定者から抵当権者に移転する必要がない。そこで，抵当権にあっては，質権とは異なり，その設定後も設定者は目的物をそのまま使用し続けることができる。したがって，設定者の生産手段たる財産（工場）や生活に必要な居住家屋をもその目的とすることができる。また，抵当権者も，目的物の管理をする必要がなく，優先弁済権のみを確保することができる。これに対して，質権の場合には，342条が「質権者は，その債権の担保として債務者又は第三者から受け取った物を占有し」とあるように，目的物の占有を質権者に移転する必要があるので，たとえば，銀行が田んぼを担保にとったら，その管理をしなければならなくなってしまう。そこで，抵当権は，現代社会における担保制度として，最も重要なものになっている。

さて，質権の場合には，占有が質権者に移るので，外から質に入っていることは，ある程度認識できるのに対して，抵当権にあっては，占有は設定者の下にとどまったままである。そのため，抵当権が設定されているかどうかは外からみた限りではわからないので，公示の問題をクリアーしないと取引秩序を乱してしまう。そして，この公示を可能にしたのが登記制度であり，実際，各国における登記制度は，抵当権の公示を目的として発達してきた。すると，抵当権は，登記制度のある財産についてしか設定できないということになる。すなわち，民法においては，抵当権が設定できるのは，不動産の所有権・地上権・永小作権（369条）と，いずれも，登記ができるものに限られている。なお，Column ①で述べるように，いくつかの特別法で抵当権の目的となる財産は拡大されている。しかし，現実に用いられている抵当権のほとんどは，民法が定める不動産の所有権を目的とするものである。したがって，以下では，もっぱら不動産の所有権を目的とする抵当権についてみていくことにする。

Column① 抵当目的物の拡大

経済活動の発展によって，民法が定める抵当権の目的である不動産の所有権・地上権・永小作権以外の財産権についても占有を移転せずに担保化する必要が生じてきた。そこで，民法制定以後，登記・登録制度を整備することによって，新たに，抵当権の設定が可能になった財産権がある。

(1) 動産抵当

動産ではあるが，自動車，航空機，建設機械，農業用動産については，特別法（自動車抵当法，航空機抵当法，建設機械抵当法，農業動産信用法）によって，登録制度が完備され，抵当権を設定することが可能となった。

(2) 財団抵当

民法上の抵当権にあっては，抵当権の目的とすることができる物は，不動産およびそれに付加して一体となった物（370条）に限られている（第3節 2 (1)参照）。しかし，たとえば，工場を念頭に置くと，工場は，単に，土地・建物という不動産だけではなく，生産のための機械・器具その他の設備がくっついて，より大きな価値を有することになる。逆にいえば，土地・建物の上の抵当権は，これら土地・建物に備え付けられた機械・器具等も一体としてとらえないと担保価値が少ないことになる。そこで，日露戦争後に制定された工場抵当法（明38法54）では，工場に属する土地ないし建物の抵当権の効力を目録記載の機械・器具等に拡大することにした（工抵2条）。

さらに，工場抵当法は，土地・建物，そこに備え付けられた機械・器具に加えて，主要な原材料，賃借権，知的所有権等の権利等を一括して1つの財団（工場財団）を組成し，これを抵当権の目的とすることを認めた。これが工場財団抵当である（工抵8条）。工場財団抵当は，その後，鉱業財団抵当，観光施設財団抵当をはじめ，類似の企業施設にも応用されることになった。

さて，財団抵当は，あくまでも，その目的物は，固定の資産である。しかし，企業の有する財産は営業の継続により新陳代謝しており，また，企業にとっては，固定の資産だけではなく，売掛債権のような金銭債権等の財産も重要な価値を有する。そこで，1958（昭和33）年，株式会社登記簿への登記によって株式会社たる企業の全資産を一括して担保の目的とする制度である企業担保権が創設された。ただし，企業担保権は，社債を担保するためだけにしか利用できず，担保権といっても，その効力は非常に弱い。

ところで，我妻栄博士は，その名著『近代法における債権の優越的地位』において，抵当権の究極の姿は，一体としての企業に対する抵当権の設定であると説かれた。確かに，今日においては，個々の財産ではなく，有機的関連のある複数の財産を一体として把握する担保権に対する要請が強い。しかし，一体として把握したい対象は，我妻博士が説かれたように企業というよりも，プロジェクト・ファイナンスに代表されるように，個々の事業のようである。また，その場合，求められている担保手法が，財団抵当のように事業を一体として把握する手法であるのか，事業を構成している個々の財産を1つずつ担保取得していくという，いわば積上げ方式によるものなのかも，いまだ，混沌としている状況にある。

第2節　設定から実行まで

1　設　　定

抵当権は，質権と同じく約定担保物権であるが，質権と異なり，抵当権は，抵当権者と抵当権設定者との契約によってのみ設定される。これに対して，質権は，344 条にあるように，目的物を質権者に引き渡さないと設定できない。なお，369 条 1 項に「抵当権者は，債務者又は第三者が占有を移転しないで債務の担保に供した不動産について，他の債権者に先立って自己の債権の弁済を受ける権利を有する」とあるように，抵当権者は被担保債権の債権者であるが，設定者は債務者である必要はない。設定者は，債務者のこともあるし，第三者のこともある。そして，このような第三者を物上保証人とよぶ。

ところで，抵当権は被担保債権を担保するための制度であり，序章で述べたように付従性がある。したがって，被担保債権が存在しなければ，抵当権は存在しない（成立における付従性）し，被担保債権が消滅すれば，抵当権も消滅する（消滅における付従性）。抵当権は，債権を担保するために成立する権利だから，担保する債権がないときには，存在する必要がないからである。そこで，被担保債権が消滅すれば，もはや，その存在理由はなくなるので，消滅における付従性は厳格に要求される。しかし，成立における付従性は，以下に述べるように，消滅における付従性ほど厳格には要求されない。

すなわち，付従性が要求される理由は，前述したように，抵当権は，債権を担保するために成立する権利であるということにある。ここからは，抵当権を設定するためには，その抵当権がどの債権を担保するためのものなのか，被担保債権を特定しなければならないということは導かれる。また，抵当権が債権者に優先弁済を得させるという本来の目的を果たす時，具体的には抵当権を実行する時には，被担保債権は存在していなければならないということも導かれる。しかし，抵当権を設定する時から，必ず，被担保債権は存在していなければならないということは導かれない。被担保債権は，抵当権設定時には特定していなければならないが，存在している必要はなく，抵当権実行時までに存在すればいいということになる。なお，序章でも述べたが，確定前の根抵当権にあっては，成立における付従性はもちろん，消滅における付従性も否定されている（第 9 節参照）。

ところで，お金を借りる契約である金銭消費貸借契約は，587 条にあるように，厳密にいえば，お金を借りる側が貸す側からお金を受け取らないと効力は発生しない（このような契約を「要物契約」という）。しかし，現実には，抵当権設定契約を締結した後で，債権者が債務者にお金を渡すというのが普通である。

すると，金銭消費貸借契約の要物性からは，抵当権設定契約の時には，被担保債権である貸金債権は存在していないということになる。しかし，この場合，抵当権の被担保債権は特定しているので，それを被担保債権とする抵当権を設定することはできる（大判大正2年5月8日民録19輯312頁など）。ただ，現在では，少なくとも利息付きの消費貸借契約については，当事者の合意のみで成立する諾成的消費貸借契約を認めることに異論はない。このように諾成的消費貸借契約の効力を認めれば，抵当権設定時にお金が貸主から借主に渡っていなくても，被担保債権たる貸金債権は生じていることになるので，そもそも，成立における付従性の問題は生じないことになる。なお，改正587条の2第1項は，書面による消費貸借契約は諾成契約とする。

Column②　労働金庫の目的外の員外貸付け

本文で述べたとおり，成立における付従性から，被担保債権が存在しなければ抵当権は有効に成立しない（最判昭和30年7月15日民集9巻9号1058頁）。これが原則である。たとえば，AB間の金銭消費貸借契約が無効となり，被担保債権たる貸金債権が成立しなければ，AのためにBの不動産に設定された抵当権も成立しない。

しかし，労働金庫の目的外の員外貸付けによる債権について抵当権が設定された事案において，最判昭和44年7月4日民集23巻8号1347頁は以下のように判示した。すなわち，貸付け自体は無効であり，貸金債権は成立していないが，金銭が貸付けを受けた者に渡っていることから，貸付けを受けた者は不当利得返還債務を負っている。そこで，貸付けを受けた者が抵当権ないしその実行手続の無効を主張することは信義則に反し許されない，と。

2　対抗要件

(1)　意　　義

1で述べたように，抵当権は，債権者である抵当権者と設定者との間の抵当権設定契約によって，かつ，その契約によってのみ成立する。したがって，未登記抵当権者であっても，物権変動の当事者である設定者に対しては抵当権を主張できるので，裁判所に対して，競売申立てをして，競売手続を開始してもらうことはできる。ただし，登記がない場合には，担保権の存在を証する確定判決等，民事執行法181条1項1号・2号が定める文書を提出しなければならない。

このように，未登記抵当権者は競売手続を開始してもらうことはできる。しかし，第三者には対抗できないので（177条），他の債権者が，この競売手続にのっかって配当を要求してきた場合には，抵当権の効力を主張して，優先して弁済を受けることはできない。抵当権は，債務者が弁済してくれないときに，他の債権者を押しのけて，目的物から優先的に債権を回収するための権利であるから，同じ債務者に対する他の債権者をはじめとする第三者に対抗できなければ価値はないといってよい。

登記のある抵当権は第三者に対抗できる。したがって，たとえば，Aのために抵当権が設定されているB所有の甲不動産がCに譲渡された場合，抵当権の登記があれば，Cは抵当権の負担の付いた所有権を取得するにとどまる（第三取得者）。そこで，Aは，甲不動産がC所有となっても，抵当権の被担保債権が履行されないときは，抵当権を実行することができる。このように，登記を経た抵当権には追及効がある。

(2)　抵当権の順位

所有権は，一物一権主義によって，1つの物の上には1つしか成立しないので，所有権登記も1つの不動産について1つしかできない。これに対して，抵当権の場合には，すでに抵当権が設定されている不動産であっても，重ねて抵当権を設定し，登記をすることが可能である。1つの不動産に複数の抵当権が設定されている場合，抵当権の間の優劣は登記の先後（373条）によって定まる。このとき，最初に登記された抵当権を第1順位の抵当権あるいは1番抵当権，次を第2順位の抵当権あるいは2番抵当権とよぶ。実際に，目的物が競売されたときは，その換価金は，まず，第1順位の抵当権者に配当され，残余があれば，第2順位の抵当権に，さらに，残余があれば，第3順位，第4順位の抵当権という具合に，その順位に従って，配当される。

では，複数の抵当権が設定されている場合に，たとえば，第1順位の抵当権が消滅した場合に，第2順位以下の抵当権はどうなるのだろうか。この場合，第2順位以下の後順位抵当権の順位は，第2順位の抵当権は第1順位に，第3順位の抵当権は第2順位にという具合に，当然に上昇する。これを順位昇進の原則という。

ところで，登記の先後で定まった抵当権の順位は，374条1項にあるように，各抵当権者が合意すれば変更することができる。たとえば，甲不動産上に第1順位A，第2順位B，第3順位C，第4順位Dの抵当権が設定されているとする。このとき，順位をC，B，A，Dに変更する場合には，順位の変更によって影響を受ける抵当権者であるA，B，Cの合意が必要である。Dは，変更前後を通じて，A，B，Cに劣後することは変わらないので，その合意は必要ない。なお，順位の変更においては，登記は対抗要件ではなく，効力要件である。これは法律関係の複雑化を避ける趣旨である。

(3)　同一不動産上の用益権との関係

抵当権と同一不動産上の用益権との対抗関係も，登記の先後によって定まる。なお，借地借家法10条，31条によると，登記以外の方法によって，借地権（賃借権と地上権），借家権（賃借権）に対効力を具備することが認められている。したがって，正確にいうと，借地借家法による対効力の具備が認められている用益権との対抗関係は，抵当権の登記と用益権の登記あるいは借地借家法による対抗力の具備の先後ということになる。

それでは，「同一不動産上の用益権との対抗関係も，登記の先後によって定まる」とは，具体的にどういうことか。何度も繰り返すようだが，抵当権は非占有型担保物権であるというところから話は始まる。すなわち，抵当権にあっては，目的不動産の使用収益権は設定者の下にとどまっているので，抵当権が設定されている不動産であっても第三者に使用させることができる。

すると，第三者が用益権をもっている，たとえば，第三者が賃借している不動産に抵当権を設定する，あるいは，逆に，抵当権が設定されている不動産に第三者のために用益権を設定する，たとえば，第三者に賃貸するということが起こる。なお，用益権には，永小作権，地上権等もあるけれども，抵当権との関係で最も多く問題になるのは賃借権である。このように，抵当権が設定されているからといって，設定者の使用収益が妨げられることはないので，債務者が順調に返済を続けている限りは，抵当権に対抗できない用益権者であっても，問題なく，抵当不動産の用益を続けることができる。両者の対抗関係が現実に問題になるのは，競売によって抵当不動産が売却されたときである。具体的には，競売における買受人の側からいえば，用益権の負担付きで不動産を取得しなければならないのか，用益権者の側からいえば，そのまま用益を継続できるかどうかという問題として表れる。もし，抵当権が用益権に対抗できるのならば，買受人は用益権の負担が付かない不動産を取得でき，逆に，対抗できないならば，負担が付いた不動産を取得しなければならないということになる。用益権者の側からいえば，抵当権が用益権に対抗できるのならば，当該不動産を買受人に明け渡さなければならなくなり，逆ならば，当該不動産の用益を継続できるということになる。

たとえば，賃貸マンションの経営をしようと思い立ったBが，A銀行からお金を借りて，賃貸マンションを建てたとする。A銀行としては，Bに対する貸金債権を担保するために，このマンション――「コーポB」という名前にしよう――に抵当権を設定する。さて，コーポBは立地もよく，内装等もおしゃれだったので，Cをはじめとして，またたく間に借手がついて満室になったとする。Bが順調にA銀行に返済を続けていれば問題はない。しかし，Bが返済を滞らせて，A銀行が抵当権を実行したらどうなるのだろうか。A銀行が抵当権を実行して，Dが買受人となったとする。この場合，A銀行の抵当権の登記の方がCをはじめとする賃借人の入居――借家権の対抗力の具備（借地借家31条参照）――より前なので，賃借権は抵当権に対抗できない。そこで，買受人のDはCらの賃借権の負担の付かないコーポBの所有権を取得できる，逆にいえば，CらはDに対して賃借権を対抗できないので，Dは，Cに対して，「出ていけ！」といえるということになる。

すると，賃借人は，抵当権の被担保債権の弁済状況をコントロールできる立場にはないので，いつ，「出ていけ！」と言われるかわからない。すると抵当権が設定されている不動産を借りるお人好し（?）は，なかなか現れないかもしれない。そこで，395条は，建物賃貸借については，抵当権に対抗できないものであっても，賃借人に明渡猶予期間を与えることにした。具体的には，買受人は，賃借人に「出ていけ！」とは言えるのだけれども，買い受けた時から6か月間は「出ていけ！」とは言えないということにした。この制度の詳細は，第4節2(2)で説明することにする。

(4) 登 記 事 項

抵当権の登記事項としては，被担保債権額，利息に関する合意内容，債務不履行時の損害賠償に関する合意内容がある（不登88条）。

登記事項証明書の例

【権利部（乙区）】（所有権以外の権利に関する事項）			
【順位番号】	【登記の目的】	【受付年月日・受付番号】	【権利者その他の事項】
1	抵当権設定	平成20年12月21日 受付　第13005号	原因　平成20年12月5日金銭消費貸借同日設定 債権額　金5,000万円 利息　年4.0% 損害金　年14.5% 債務者　甲川市西町一丁目5番24号A川R子 抵当権者　丙山市新町六丁目7番3号 株式会社　A銀行 （取扱店　西口支店）
2	抵当権設定	平成21年6月1日 受付　第6020号	原因　平成21年5月20日金銭消費貸借同日設定 債権額　金3,000万円 利息　年8.0% 損害金　年15.0% 債務者　甲川市西町一丁目5番24号A川R子 抵当権者　乙山市中町三丁目9番8号B中B子
3	抵当権設定	平成25年2月1日 受付　第1998号	原因　平成25年1月24日金銭消費貸借同日設定 債権額　金2,000万円 利息　年9.0% 損害金　年16.0% 債務者　乙山市川上町六丁目9番2号 B山B夫 抵当権者　乙山市学校町一丁目3番4号C田C雄

ところで，現在，登記事項には弁済期の定めは入っていない。かつては弁済期を記載することになっていたが，1964（昭和39）年の不動産登記法の改正で，弁済期を登記事項から外した。なぜ，外したかというと，普通の消費貸借ならば，弁済期は，何年何月何日と書くだけですむ。しかし，たとえば，住宅ローンのような割賦弁済の場合には，そうはいかない。特に，期限の利益喪失条項

が入っていたりすると，弁済期を書くとなると，喪失条項を全部書かないといけなくなってしまい，複雑になってしまうからである。

抵当権の登記は，新たに抵当不動産の所有者にお金を貸そうとする第三者の将来予測に資するものでなければならない。そのためには，登記から，抵当権の実行がなされたとき，換価金のいくらが抵当権者への優先弁済に充てられるかが，ある程度，わかるものでなければならない。そうであって初めて，新たに抵当不動産の所有者にお金を貸そうとする者は，自分に優先する抵当権の存在や優先弁済額を，したがって，当該不動産に自分が抵当権を設定した場合，抵当権の実行に際して，自分にいくら配当があるかを知ることができ，それを前提にお金を貸すかどうか，利息はいくらにするか等の判断をするからである。しかし，弁済期が書いてないと，登記からは，利息や遅延損害金の額がわからないので，自分にいくら配当されるか，すなわち，自分に優先する抵当権者への弁済後いくら余りがあるかわからない。この点については，375条で手当てがしてあるので，**第3節 1** (1)で説明する。

Column③　無効登記の流用

抵当権の被担保債権が弁済されると，その付従性から抵当権は消滅する。この場合，抵当権の登記が残っていても，その登記は中身のない無効の登記である。この登記を新たに設定された抵当権の登記に流用したら，この登記は新たな抵当権の登記として効力を有するか。これが無効登記の流用といわれる問題である。

たとえば，ＡがＢから1000万円借りて，Ａ所有の甲不動産に抵当権を設定して登記をした。Ａは期日にＢに元利を返済した。これによって，この抵当権は消滅したが，その登記は抹消せずにそのままにしておいた。この登記は，抵当権は消滅しているので，空っぽの無効の登記である。その後，ＡはＢから，また，1000万円借りることにして，同じ甲不動産に抵当権を設定することにしたが，前の抵当権の登記が残っていたので，これを新しい抵当権の登記に流用することにした。この場合，この登記は新しい抵当権の登記として効力を有するか否かについて考えてみたい。

繰返しになるが，登記は，抵当権の消滅により，いったんは無効となった以上，登記法の建前を貫けば，流用があっても無効は無効ということになる。

しかし，他方，無効登記であっても実体関係と一致する場合には，その効力が認められる場合がある。したがって，無効登記の流用を一律に認めないとするのは問題であるが，他方，第三者の利益の保護も考えなければならない。そこで，以下，場合を分けて考えることにする。

❶　流用の前後を通じて，第三者が登場しない場合

学説は，流用登記の効力を認めることで，ほぼ，一致している。すなわち，この場合，登記は権利変動のプロセスを正確には反映していないが，Bが抵当権者であるという現状には一致しており，また，抵当目的不動産に対して第三者が全く関わっていないので，流用登記の効力を認めても，害せられる者はいないことを理由とする。

❷　旧抵当権消滅前に第三者が登場した場合（〔図 1-1-1〕）

図 1-1-1

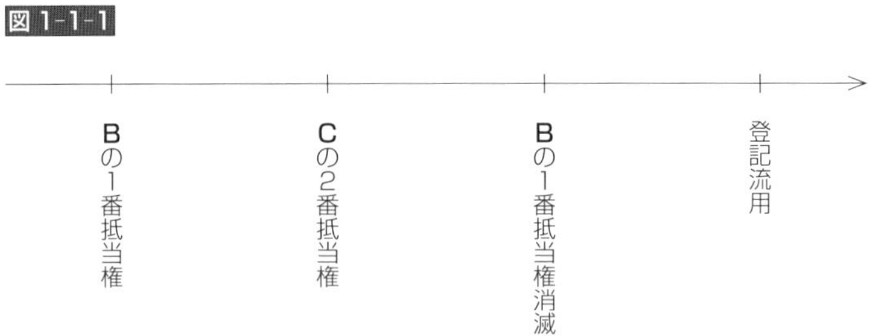

(2)で述べたように，日本民法では，抵当権について「順位上昇の原則」が採用されている。したがって，Bの旧抵当権が消滅すると，Cの2番抵当権が1番に上昇する。したがって，ここで，流用登記の効力を全面的に認めるということは，Bの旧抵当権の消滅により，いったんは1番に上昇したCの抵当権を2番に戻すことになり，Cの利益を害することになるので，これは認められない。さらに，このことを認めると，日本民法では制度上認められていない所有者抵当を，解釈上，認めることになってしまう。所有者抵当とは，被担保債権が消滅しても抵当権は消滅せず，所有者が抵当権を取得することを認める制度である。所有者抵当にあっては，設定者は，先順位抵当権者のために提供していた担保価値を，新抵当権設定で再び利用することができる。

判例は，この場合，Bの新抵当権は，流用登記によって1番抵当権にはなりえないとしている。しかし，登記は完全に無効ではなく，2番抵当権の登記としては有効であるとする（大判昭和8年11月7日民集12巻2691頁）。す

ると，ここに，無効登記の流用は2つの問題を含んでいることがわかる。すなわち，まず，流用登記の効力を全面的に認めるかという問題である。次に，全面的に認めることを否定するとしても，それでは，全面的に無効なのか，それとも，後順位の抵当権の登記としての効力（相対的無効）は認めるかである。

❸　旧抵当権消滅後，流用までの間に第三者が登場した場合（〔図1-1-2〕）

図1-1-2

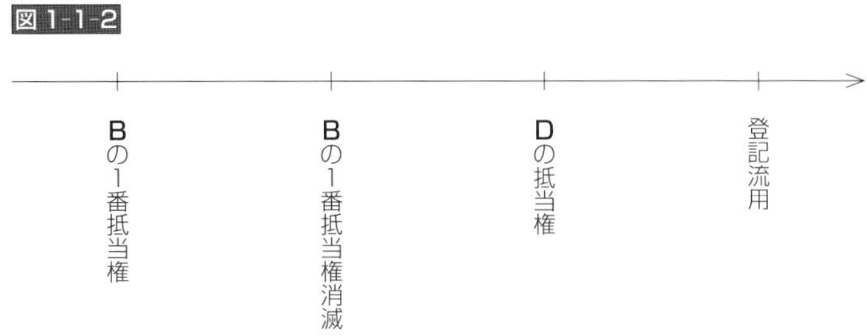

確かに，登記上は，Dは2番抵当権を設定したということになっている。しかし，たとえ，Bの抵当権の抹消登記がなされていなくても，Dが登場した時点においては，Bの抵当権は消滅しているので，Bの抵当権登記はDに対して効力はない。したがって，Dは1番抵当権を取得している。しかし，この場合も，②と同様に，Bの流用登記は，1番抵当権としての効力は認められないが，2番抵当権としての効力は認められるのか，あるいは，まったく効力は認められないかという問題がある。

❹　登記流用後に第三者が登場した場合（〔図1-1-3〕）

図1-1-3

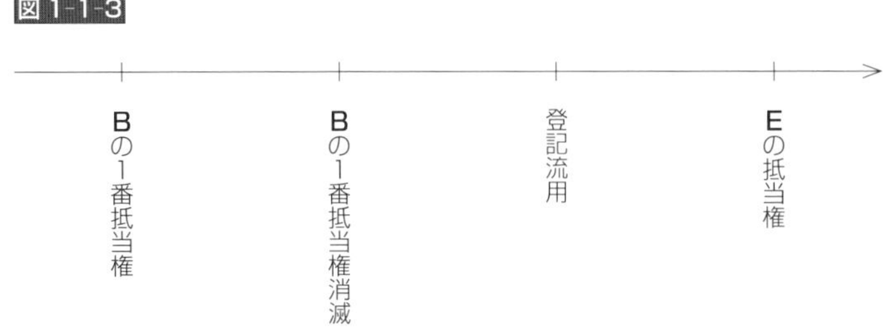

判例は，流用後に第三取得者が登場した事案において，流用登記は無効としつつも，抵当権の存在を前提として第三取得者が不動産を買い受けていることから，第三取得者は，流用登記の無効を主張するについて正当な利益を

有しないとした（大判昭和11年1月14日民集15巻89頁）。すなわち，判例は，流用登記は無効ではあるが，第三者が抵当権の存在を前提としている場合には，例外的に，流用登記の無効を主張することはできないとする。これに対して，学説の多数説は，登記の流用後に登場した第三者は新抵当権と流用登記の存在を前提にして，第三者の地位を取得することから，流用登記は有効であるとする。

無効登記は抹消されるべき登記である以上，流用登記は無効と解すべきである。しかし，登記が無効であっても，すべての者が無効を主張できるとは限らない。たとえば，最判昭和37年3月15日集民59号243頁は，設定当事者間では，無効を主張する正当な利益はないと判示している。このように，いかなる者が無効を主張できないかを事案ごとに考えるべきであろう。

3　実　行

抵当権者である債権者は，被担保債権の弁済を受けられないときに，抵当権の目的となった不動産から優先的に弁済を受けることができる。以下では，抵当権者が優先弁済を受ける方法について概観することにする。ここで，抵当権者が自らイニシアティブをとって，抵当不動産から優先弁済を受ける方法としては，競売と担保不動産収益執行がある。このほか，抵当権者は，他の債権者が開始した手続にのっかって優先弁済を受けることもできる。

(1)　抵当権者による抵当権の実行〔1〕——競売

抵当権者は，債務者が弁済してくれないときに，抵当権の実行としての競売を行い，被担保債権を優先的に回収することができる。

そのためには，抵当権者は，まず，目的不動産所在地を管轄する地方裁判所に，抵当権の実行としての競売を申し立てる。この裁判所のことを執行裁判所という（民執188条によって準用される44条）。この申立てを行うには，抵当権者は，抵当権の登記事項証明書をはじめとする民事執行法181条1項に定めてある文書のいずれかを提出しないといけない。そして，裁判所によって競売開始決定が出されると，目的不動産について差押えの効力が発生し（民執188条によって準用される45条以下，「188条によって準用される」は省略する），不動産の場合には職権で差押えの登記がなされる（民執48条）。その後，競売――不動産の場合には，具体的には競争入札――が行われ，最も高値をつけた人に売却される。この売却を受ける人を買受人とよぶ。買受人は，代金納付の時に，目的不動産の所有権を取得する（民執79条）。

売却代金は，執行裁判所によって，目的不動産に登記を有する抵当権者や配当要求していた債権者に配当され（民執84条・87条），それらの抵当権は消滅する（民執59条）。したがって，日本法においては，競売があると，当該不動産上のすべての抵当権は消滅する。このような方式を消除主義という。これに対して，自分より後順位の抵当権者が申し立てた競売では，申し立てた抵当権者より先順位の抵当権は消滅せず，そのまま存続した形で売却がなされる方式を引受主義という。ドイツ法はこの方式を採用している。

それでは，配当の仕方について，例を挙げて説明することにする。

S所有の甲不動産について，Aが第1順位の抵当権（被担保債権額3000万円），Bが第2順位の抵当権（被担保債権額2000万円），Cが第3順位の抵当権（被担保債権額1000万円）をもっていたとする。このとき，Aが抵当権を実行し，Dが4000万円で競落したとする（〔図1-2-1〕）。

図1-2-1

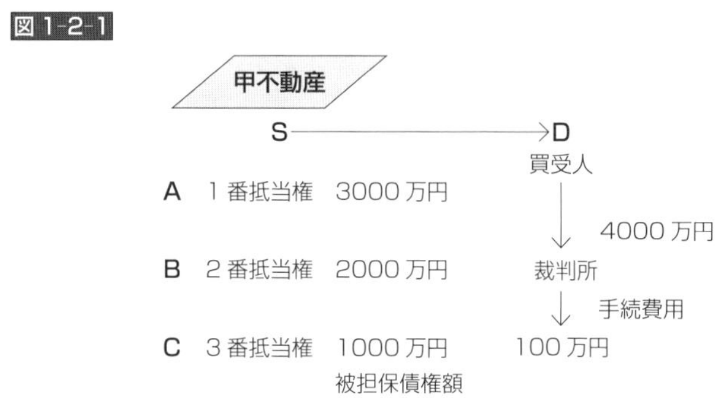

Dが裁判所に収めた4000万円は，まず，手続費用（たとえば100万円）に充当された後，Aに3000万円，Bに900万円配当されるのに対して，Cには1円も配当されない。Aは被担保債権全額を回収できたので，Aの抵当権が消

滅するのは当然としても，前述したように，B，Cの抵当権も消滅する。したがって，Bは1100万円，Cは1000万円の債権をいまだに有してはいるが，それらの債権は無担保債権となる。

それでは，今の例で，B，Cの抵当権が設定されていないとしよう。このとき，Sの一般債権者であるE（債権額1000万円），F（債権額500万円）が，配当要求してきたとする（〔図1-2-2〕）。この場合，手続費用およびAへの配当額を控除した残り900万円は，EとFの債権額に応じて2対1の割合で配当される。すなわち，Eには600万円，Fには300万円の配当がなされる。

図1-2-2

A	1番抵当権	被担保債権額	3000万円
E	一般債権者	債　権　額	1000万円
F	〃	〃	500万円

ところで，ふたたび，B，Cの抵当権が設定されていた例（〔図1-2-1〕）に戻ろう。この場合，前述したように，Cは，売却代金の配当に与かることはできない。つまり，分け前に与かることのできないCは，甲不動産について競売手続を開始させる利益はない。そこで，民事執行法は，自分に配当の見込みがない者については，原則として，競売の申立てを認めないことにした（無剰余措置。民執63条）。

Column④　売却によって消滅する権利

民事執行法59条1項が定めるように，先取特権，抵当権は，配当を受けたか否かにかかわらず，売却によって消滅する。

不動産質権には，原則として，使用収益権（356条）がある（Column㉒参照）。そこで，抵当権と異なり，不動産質権は，最先順位にあるときは，競売によっても消滅しない（引受主義）が，それよりも先順位の抵当権があるときは，抵当権は競売によって消滅するので，それより後の順位の不動産質権も消滅する（民執59条2項）。さらに，民事執行法59条1項は，たとえ，最先順位であっても，「使用及び収益をしない旨の定めのある質権」は消滅すると定めた。

なお，留置権については，引受主義が採用されており，競売後も，留置権者は目的不動産を留置することができる。買受人は，自分に引き渡してもらうためには，留置権者に対して留置権の被担保債権の弁済をしなければならない。不動産質権が消滅しない場合も同様である。

Column⑤　抵当直流

質権については，流質は許されない（349条，第2章**第2節2**(3)(ア)参照）。これに対して，抵当権については，そのような規定はないので，反対解釈として，競売によらないで，任意の方法で抵当不動産から優先的な弁済を受けることができると解釈されている。このような特約を抵当直流（ていとうじきながれ）という。ただし，非典型担保と平仄をあわせる意味で，抵当不動産の価額が被担保債権額を上回る場合には，抵当権者には，その差額の清算義務があると解される（第4章参照）。

(2)　抵当権者による抵当権の実行〔2〕――担保不動産収益執行

担保不動産収益執行（民執180条2号）は，抵当権の実行方法として，2003（平成15）年の担保・執行法の改正によって，新たに導入された制度である。競売が抵当不動産の売却代金から優先弁済を受ける方法であるのに対して，担保不動産収益執行は，抵当不動産から生ずる収益――主として念頭に置いているのは賃料――から優先弁済を受ける方法である。担保不動産収益執行制度の導入に際しては，実体法上，その根拠を与えるべく，同時に改正された371条により，被担保債権の不履行後は，抵当不動産の収益にも抵当権の効力が及ぶことが明確化された。

Column⑥　担保不動産収益執行制度導入の理由

言わずもがなではあるが，競売の方が多額の弁済を一時に受けられる。それにもかかわらず，なぜ，それに加えて，担保不動産収益執行という制度が導入されたのだろうか。

まず，第一にアンバランスを解消するという理由がある。すなわち，以前から，一般債権者が債務者所有の不動産から自己の債権の回収をはかる手続である強制執行には，競売と並んで強制管理（民執 93 条以下）という手続が存在していた。強制管理とは，裁判所が選任した管理人が，強制管理が申し立てられた不動産を第三者に賃貸して上げた収益から債権を回収する方法である。ところが，担保権の実行には，そのような手続が認められていなかったために，アンバランスであるといわれていた。

第二に，担保不動産収益執行の導入を議論しているときは，不動産市況がどん底だった。すなわち，競売をかけても，なかなか不動産が売れないという時期であった。そこで，担保不動産収益執行を導入して，少しずつでもいいから賃料債権から被担保債権を回収する方途があった方がいいということになった。

ところで，**第3節3**(2)(ウ)で，もう少し詳しく説明するが，抵当権者は，従来，物上代位という方法によって賃料債権から優先弁済を受けることができた（372 条の準用による 304 条）。ならば，あえて，担保不動産収益執行を導入する必要はないではないかという疑問がわくと思う。しかし，賃料債権に対して物上代位が行われると，抵当不動産の所有者――抵当権の設定者である場合もあるし，第三取得者である場合もある――には賃料が入ってこなくなるので，所有者は抵当不動産について興味を失い，管理をしなくなってしまう。他方，抵当権者には抵当不動産の管理権限は認められていないので，抵当不動産は，管理する者が誰もいなくなり，荒れ果ててしまい，結局のところ，賃借人も退去してしまうということになりかねない。そこで，このような事態を避けるために，抵当権者が主導権をもって抵当不動産を管理し，収益を上げる制度が必要になってくるというわけである。

そこで，抵当権者が抵当不動産の賃料債権から優先弁済を受ける方法は，担保不動産収益執行の導入により，物上代位と担保不動産収益執行という二本立てになった。この点，担保不動産収益執行の導入に際しては，同制度を導入する以上，賃料債権に対する物上代位は廃止すべきであるという意見もかなり強く主張された。しかし，不良債権処理の迅速化を旗印として掲げた 2003（平成 15）年の担保・執行法の改正においては，賃料債権に対する物上代位を廃止するという抵当権者から債権回収手段を奪う改正は許されるものではなかった。

というのは，担保不動産収益執行は，強制管理に準じた制度として設計されているため，手続自体が非常に重く，コストもかかる。すなわち，担保不動産収益執行においては，裁判所は管理人を選任しなければならない（民執188条の準用による94条）ので，担保不動産収益執行は，収益から管理人の報酬を賄える大型物件でなければ用いることはできない。たとえば，ワンルーム・マンション一室について，わざわざ管理人を選任するなどということは考えられない。これに対して，物上代位は，債権の差押えによって開始する債権執行手続によって行われる（民執193条・143条以下）ので，手続が非常に簡単である。そこで，同じく不動産の賃料から優先弁済を受ける方法ではあっても，担保不動産収益執行は物上代位の代替措置とはならないということで，物上代位と担保不動産収益執行という二本立てとなった。

しかし，当初より，抵当権者が抵当不動産の賃料から優先弁済を受ける方法としては，圧倒的に物上代位が使われると予想されていたところ，現実にも，担保不動産収益執行は，ほとんど用いられていない。

第三に，抵当不動産の売却前に，当該不動産の占有関係を整理するニーズがある。抵当不動産を競売するにしても，当該不動産を不法に占拠する者がいたりすると，まともな値段では売れない。いや，そもそも，買手がつかないという状況にもなりかねない。そこで，抵当権者としては，売却の前に，不法占拠者を追い出す等して，不動産の占有関係を整理しておきたいという要望があり，そのためには，抵当権者に抵当目的不動産の管理権限を与える必要があるといわれる。

担保不動産収益執行は，競売と同様に，抵当権の実行手続であるから，収益執行開始申立ての手続は，(1)で述べた競売手続と共通である（民執181条）。

執行裁判所は，担保不動産収益執行開始決定と同時に管理人を選任する（94条1項）。担保不動産収益執行開始決定では，担保権者のために不動産を差し押さえる旨が宣言されるとともに，抵当不動産の所有者に対しては収益の処分が禁止され，同人に賃料等を払っていた賃借人等には，以後，これを管理人に支払うべき旨が命じられる（民執93条1項）。

管理人は，もし，不動産を所有者が占有していれば，所有者を排除して，別の者に賃貸し，収益を上げることができる（民執96条・95条1項）。また，前述したように，その不動産に賃借人が存在している場合には，当該賃借人は管理人に賃料を支払わなければならなくなる（民執93条1項）。そして，管理人は受け取った収益を債権者に配当することになる（民執107条1項）。

担保不動産収益執行にあっては，競売の場合とは異なり，収益からの配当を受けることができるのは，担保不動産収益執行の申立てをした者および強制管理の申立てをした者および配当要求をした一般債権者に限られる（民執107条4項）。したがって，競売の場合には，(1)で述べたように，登記のある抵当権者は，当然に配当を受けることができる（民執87条）のに対して，担保不動産収益執行では，たとえば，2番抵当権者の申立てによって開始した手続であっても，先順位抵当権者である1番抵当権者は当然には配当を受けることはできない。1番抵当権者は，自分も配当を受けようと思ったら，自ら担保不動産収益執行を開始しなければならない（民執107条4項）。なぜ，そうなっているかというのは，根抵当権についての理解が不可欠である（Column ㉑参照）。

ところで，競売の場合には，(1)で述べたように，無剰余措置といって，配当の可能性がない者は競売申立てができない。これに対して，担保不動産収益執行においては，無剰余措置はとられていない。というのは，競売とは異なり，担保不動産収益執行――強制管理でも同様――では，どれだけの額が当該執行によって得られるか予想がつかないからである。また，たとえば，1か月の予想賃料が1000万円，1番抵当権者の被担保債権額が3000万円，2番抵当権者の被担保債権額が5000万円である場合，4か月めからは，2番抵当権者への配当は可能となる。つまり，無剰余をどのように判断するのか定まらないという問題もある。

なお，強制管理や担保不動産収益執行が開始されている不動産についても，抵当権の実行としての競売は可能であり，買受人が登場すると，強制管理や担保不動産収益執行手続は取り消されることになる（民執111条によって準用される53条）。その意味で，強制管理や担保不動産収益執行手続は弱い制度である。

(3)　他の債権者が開始した手続

〔図1-2-1〕や〔図1-2-2〕では，第1順位の抵当権者であるA以外にも配当を受ける者がいる。したがって，これらの者は，自分より先順位の抵当権が設定されていても，甲不動産を差し押さえて，競売してもらうことができる。この場合，**3**の冒頭で述べたように，抵当権者は，他の債権者が開始した手続において優先弁済権を実現することができる。登記がされていれば，配当要求をする必要もない（民執87条1項4号）。

(4)　目的不動産所有者の倒産

一口に倒産手続といっても，そこには，清算を目的とする手続と再建を目的とする手続がある。破産は前者の手続であり，会社更生と民事再生が後者の手続である。

目的不動産所有者の破産にあっては，抵当権者には別除権が与えられる（破2条9項）。別除権とは，読んで字のごとく，破産手続から除かれて別に行使できる権利ということであり，抵当権者は，破産手続とは独立して抵当権の実行ができる。

これに対して，債務者の事業を立て直すことを目的としている再建型手続では，抵当権者に自由に抵当権を実行させるわけにはいかない。再建に必要な財産がなくなってしまうからである。そこで，会社更生手続では，抵当権者は，更生担保権者という地位につき（会更2条10項11項），抵当権の実行をすることはできなくなる。すなわち，会社更生手続では，更生計画が立てられ，すべての債権者は，この計画に従って，債権の一部の弁済を受けるにとどまる。抵当権者も例外ではないが，他の債権者よりも有利な条件で弁済を受けることができる。これに対して，ミニ会社更生手続ともいうべき民事再生手続――会社更生手続とは異なり対象は株式会社に限定されない――では，抵当権者も手続に取り込むと手続が重くなってしまうことから，抵当権者には，別除権が与えられている（民再53条1項）。

第3節 効　　力

1 被担保債権の範囲

抵当権の被担保債権の範囲といった場合，2つの問題を含んでいる。1つは，抵当不動産が競売された場合に，抵当権者がどこまで優先弁済を受けられるかという問題であり，もう1つは，抵当権を消滅させるためには，設定者や第三取得者は，いくら弁済しなければならないかという問題である。

(1) 優先弁済を受けうる範囲

第2節2(4)で説明したように，抵当権の登記事項としては，元本額（不登83条1項1号），利息に関する合意内容，債務不履行時の損害賠償（遅延損害金）に関する合意内容がある（不登88条）。このうち，元本額は，たとえば，金1億円という具合に金額で示されるが，利息や債務不履行時の損害賠償は，たとえば，年利8パーセントという具合に割合で示されるにすぎない。なお，遅延損害金は時に遅延利息とよばれることがある。しかし，利息は弁済期までの元本利用の対価であるのに対して，遅延損害金は弁済期に元本が弁済されないことによって生じる損害賠償であり，両者は，法律上の性格が異なる。さらに，弁済期は登記事項ではない。すると，利息や遅延損害金は，時の経過とともに増大する性質を有するため，第三者にとって，利息や遅延損害金の滞納額を予測することは困難である。

たとえば，Aのための1番抵当権が設定されているS所有の甲不動産に2番抵当権を設定しようとするBは，Sにいくら貸すか与信額を定めるにあたっては，甲不動産の残余価値（＝不動産の価値－Aの1番抵当権の把握している価値〔1番抵当権が優先弁済を受ける価値〕）を知る必要がある。しかし，もし，滞納している利息や遅延損害金全部について，Aに優先権があるということでは，Bには，甲不動産の残余価値はわからない。そこで，375条は，利息その他の定期金，遅延損害金について，優先弁済を受けることのできる範囲を「満期となった最後の2年分」に限定した。これにより，抵当不動産の残余価値の計算が容易になるわけである。たとえば，Aの抵当権の被担保債権額が1000万円，利息年1割，遅延損害金年2割とすれば1番抵当権者であるAに配当される額は最大でも1400万円（元本1000万円＋2年分の遅延損害金400万円）ということになるので，2番抵当権を設定しようと思う者は，抵当不動産の残余価値を，最小限でも，不動産の価値－1400万円と見積もることができる。

利息や遅延損害金が2年分以上滞納している場合には，最後の2年分を超える部分は一般債権として扱われ，抵当権者は優先弁済を得ることはできない。しかし，抵当権者は，2年分以上の利息や遅延損害金について，絶対に優先弁済を得られないというわけではない。375条1項但書にあるように，特別の登記をしたときには，それについても優先弁済を受けることができる。たとえば，先の例で，Aに対する利息が4年分たまったとする。そのままでは，Aの1番抵当権の優先効は2年分にしか及ばない。しかし，特別の登記をすると，2年分を超える部分についても，1番抵当権の優先効が及ぶ。しかし，優先効が及ぶのは登記の時からなので，Bが2番抵当権の登記をした後に，この特別の登記をしても，Bに対しては，2年分しか優先しない。もちろん，特別の登記の後に，Cが3番抵当権を設定したら，Cに対しては，特別の登記をした分も優先することができる。

以上，述べたように，2年分の制限の目的は，第三者に不測の損害を被らせないことにある。たとえば，後順位抵当権者が存在する場合には，抵当権者は2年分についてのみ優先弁済を受け，それを超える部分については，後順位抵当権者に劣後する。もし，2年分を超える利息や遅延損害金のある抵当権が複数あるときは，超過部分については，各抵当権者は平等の割合で配当を受けることになる。これに対して，設定者（債務者あるいは物上保証人）所有の不動産が競売され，かつ，当該抵当権に劣後する他の債権者が手続に関与していない場合には，抵当権者は，2年分の制限を受けずに，全額について弁済を受けることができる。

問題は，当該抵当権に劣後する債権者は競売手続に関与していないものの，目的不動産が第三取得者に属している場合である。多数説は，第三取得者は，設定者の負担をそのまま承継するとして設定者と同視する。したがって，抵当権者は375条の2年分の制限を受けずに配当に与ることができる。しかし，少数説ながら，第三取得者は，抵当不動産の残余価値を期待する点では後順位抵当権者と同じだとして，この場合も2年分の制限を受けるという考え方が有力に主張されている。

(2)　抵当権を消滅させるのに必要な弁済額

設定者はもちろん，後順位抵当権者，第三取得者とも，抵当権を消滅させるためには，被担保債権全額を弁済しなければならない。375条にある2年分の制限は，あくまでも優先弁済を受けるにあたっての制限であり，抵当権の被担保債権自体の制限ではない。したがって，抵当権の不可分性から，抵当権を消滅させるには，被担保債権全額を弁済しないといけない。

2　抵当権の効力の及ぶ目的物の範囲

(1)　付 加 一 体 物

(ア)　原　　則

今，XがAのために自分の居住している所有家屋に抵当権を設定した。この家屋が競売に付され，Yが買受人になったところ，XがYに対して，「自分は不動産である建物は抵当に入れたが，動産である畳・建具は抵当に入れた覚えはないから，畳・建具は自分の物だ！」と主張したとする。この場合，Xの主張は認められるだろうか。

ここで，畳・建具は，建物の機能を全うさせるために備え付けられているが，構造上は，建物とは全く独立した動産であり，従物として位置付けることができる。すなわち，ここでの問題は，「従物には抵当権の効力が及ぶか」ということである。さて，従物については，87条2項という規定がある。同条同項は，従物は主物の処分に従うと規定している。そこで，大連判大正8年3月15日民録25輯473頁は，87条2項を根拠として，主物である建物に抵当権が設定された当時に存在していた畳・建具については，抵当権の効力が及ぶと判示した。その後，最判昭和44年3月28日民集23巻3号699頁は抵当権設定時に存在していた従物――石灯籠，取り外しのできる庭石等――について，最判平成2年4月19日判時1354号80頁は抵当権設定時に存在していたガソリンスタンドの地下タンク等に抵当権の効力が及ぶと判示した。ただ，これらの判決において，最高裁がその根拠をどこに求めていたかは判然としない。しかし，抵当権設定時に存在した従物はいいとしても，87条2項によって，抵当権設定後の従物について抵当権の効力を及ぼすのは，かなり難しそうである。

さて，抵当権は目的物を一体としてその交換価値を把握し，それにより優先弁済を受けるという性質のものである。しかし，抵当権というのは，設定時と実行時の間にかなりの時間的隔たりがあり，かつ，非占有型担保物権であるため，その使用収益は抵当不動産の所有者の手に委ねられており，その間，目的物の状態は，いろいろに変化する。そうすると，抵当権は，目的物の状態がいろいろに変化するのにあわせて，その時々の状態で，その価値を把握しているという具合に解釈しなければならない。すると，実質論としては，抵当権設定後の従物であっても，抵当権の効力は及んでいるとする必要がある。しかし，問題は，法律構成をどうするかである。

370条は，抵当権は「抵当地の上に存する建物を除き，その目的である不動産（以下，「抵当不動産」という。）に付加して一体となっている物に及ぶ」としている。単純に文理だけを比べれば，この「抵当不動産に付加して一体となった物」（以下「付加一体物」という）は，242条が定める「付合物」を指しているように読める。しかし，それでは，370条を根拠としては，従物について抵当権の効力を及ぼすことはできない。このように抵当権の効力の及ぶ範囲の解釈について困難が生ずるのは，370条，87条，242条の沿革による。すなわち，87条はドイツ法に由来する規定であり，370条は，従物と付合物の区別を知らないフランス法に由来する規定である。そこで，現在の通説は，抵当権の効力が及ぶ目的物の範囲を，端的に，370条の「付加一体物」の解釈問題としてとらえ，結論としては，従物についても，付加の時期を問わず，抵当権の効力が及ぶと解している。

なお，抵当不動産について抵当権の対抗力が具備されていれば，付加一体物については，別個に対抗要件を具備しなくても，抵当権を第三者に対抗することができる（前掲最判昭和44年3月28日）。

（イ）　例外――効力の及ばない付加一体物

370条但書は，以下の2つの場合には，付加一体物に抵当権の効力は及ばないとしている。

❶　別段の定めがある場合　　370条但書は，「設定行為に別段の定めがある場合」には，付加一体物に抵当権の効力は及ばないとしている。ただし，この定めを第三者に対抗するためには，その旨の登記が必要だとされる（不登88条1項4号）。付加一体物が高価な物である場合（たとえば，高価な舞台照明・音響器具など）には，黙示の排除特約を認めるべきであるとの見解が主張されている。

❷　詐害行為取消権行使の可能な場合　　たとえば，負債の多い債務者が，一般財産に属する高価な機械を，抵当権の目的となっている建物に備え付ける場合などであろう。債務者のこのような行為は，一般債権者を害するものではあるが，改正前424条1項は詐害行為取消権の対象を「法律行為」に限定していたために，このような事実行為は取消しの対象とはならなかった。そこで，370条但書をおく意味があった。これに対して，改正424条3項は，詐害行為取消権の対象を「行為」に改めたので，370条但書をおく意味はなくなったように見える。しかし，このような行為については，改正前424条1項の下でと同様に，裁判所に取消しを請求するまでもなく，424条の要件さえ満たしていれば，当然に，抵当権の効力が及ばなくなるという意味で，370条但書をおく意味は失われていない。

(2)　従たる権利

主たる権利に設定された抵当権は，従たる権利にも及ぶ。したがって，他人の土地上の建物に抵当権を設定した場合には，この抵当権は，建物所有権の従たる権利である建物の借地権にも及ぶ（最判昭和40年5月4日民集19巻4号811頁）。そこで，この建物が競落された場合には，借地権も，建物所有権とともに，買受人に移転する。しかし，借地権が債権である賃借権である場合には，612条によって，賃借権の無断譲渡は解除事由に該当するので，譲渡について賃貸人の承諾が得られないと，買受人は，せっかく建物の所有権を取得しても，賃貸人から建物収去土地明渡請求を受けることになってしまう。そこで，借地借家法20条1項は，買受人は，賃借権の譲渡について，賃貸人の承諾に代えて裁判所の許可をもらえるようにした。

(3) 果　実

抵当不動産から果実が生じた場合，371条は，抵当権の効力は，被担保債権について不履行があった後に生じた果実に及ぶとしている。果実には，法定果実（賃料，地代など），天然果実（果物など）ともに含まれる。したがって，反対解釈として，被担保債権について不履行があるまでに生じた果実には抵当権の効力は及ばない。たとえば，ミカン畑に抵当権を設定した場合には，被担保債権が順調に弁済されている限りは，ミカンには抵当権の効力は及ばず，設定者は，自由に，ミカンを収穫し，処分できる。非占有型担保物権である抵当権は，抵当不動産の所有者に目的物の使用・収益を委ねるものだからである。

さて，371条は，2003（平成15）年の担保・執行法改正において，改正された条文である。同改正では，担保不動産収益執行制度が導入され，同制度に実体的根拠――法定果実である賃料債権に抵当権の効力が及ぶこと――を与えるべく，371条が改正されたことは，すでに，**第2節3**(2)で述べた。同条の改正により，抵当権の被担保債権の不履行後に生じた天然果実だけではなく，法定果実にも抵当権の効力が及ぶことが明らかとなった。ただし，抵当権者が果実から優先弁済を受けるためには，担保不動産収益執行手続によらなければならない。したがって，抵当不動産の所有者が果実を収受したからといって，抵当権者が同手続を取っていない以上，それが抵当権者に対する不当利得となるものではない。

Column⑦　旧371条

旧371条1項は，370条を受けて，「前条ノ規定ハ果実ニハ之ヲ適用セズ。但抵当不動産ノ差押アリタル後又ハ第三取得者ガ第381条ノ通知ヲ受ケタル後ハ此限ニ在ラズ〔句点および濁点－筆者〕」と規定していた。すなわち，旧371条1項は，本文において，果実には抵当権の効力は及ばないと原則を規定し，但書で例外について規定していた。

さて，判例（大判大正2年6月21日民録19輯481頁）およびかつての多数説は，旧371条は，抵当不動産の付加一体物に対して抵当権の効力が及ぶことを定めた370条を受けた規定であり，したがって，371条の果実は，天然果実に限られ，賃料をはじめとする法定果実は含まれないと解していた。それによれば，抵当不動産が差し押さえられた後には，天然果実については，旧371条1項但書により，抵当権の効力が及び，買受人は果実の所有権を取得するのに対して，法定果実たる賃料については，同条同項但書によっては，抵当権の効力を及ぼすことはできない。しかし，法定果実については，**3**で述べる物上代位（372条による304条の準用）によって抵当権の効力を及ぼしうるとしていた。

これに対して，その後の学説は，旧371条の趣旨は，抵当権は非占有型担保物権であることから，その実行に着手するまでは，目的物の使用収益権能は目的不動産の所有者の下にとどめられるべきであるということにあり，その適用に際しては，天然果実か法定果実かを区別する必要はないとする考えが多数説を占めるにいたった。

しかし，いずれにしろ，旧371条の下においては，賃料に代表される法定果実に抵当権の効力が及ぶか否かについて，法文上は，明確ではなかった。そこで，2003（平成15）年の担保・執行法の改正において，担保不動産収益執行制度を導入するに際して，同制度に明確な実体法的根拠――賃料債権に抵当権の効力が及ぶこと――を与えるべく，371条が，現行法のように，改正された。

なお，抵当権者が賃料債権から優先弁済を受けられるか否かについては，抵当権に基づく賃料に対する物上代位（372条による304条の準用）が認められるかという問題もある。これに関連して，現行371条は，担保不動産収益執行制度だけではなく，賃料に対する物上代位を認める根拠規定ともなりうるかという問題がある。これについては，肯定するのが多数説のようであるが，371条は，担保不動産収益執行に対して実体法的根拠を与えることを目的とするものであり，賃料に対する物上代位とは直接の関係はないと考えるべきである。賃料に対する抵当権に基づく物上代位が可能か否かは，物上代位の趣旨如何から考えるべきであり，371条とは切り離して考えるべきである。

3　物 上 代 位

(1)　は じ め に

304条および同条を準用する350条および372条によれば，優先弁済効を有する先取特権・質権・抵当権にあっては，「目的物の売却，賃貸，滅失又は損傷によって債務者が受けるべき金銭その他の物」および「目的物につき設定した物権の対価」に対しても，これら担保物権を行使することができる。これを物上代位の原則という。物上代位については，優先弁済効を有する担保物権は目的物の価値支配権であることから，目的物の価値変形物に対しても，これら担保物権の効力を及ぼす制度であると，かつて，一般には説明されていた。

物上代位については問題が2つある。1つは，代位物の範囲についてである。すなわち，抵当権に基づく物上代位については，先取特権の物上代位の規定である304条がそのまま準用されている。しかし，たとえば，動産先取特権と抵当権では目的物に対する追及効に差がある。そこで，先取特権に関する304条の規定をそのまま抵当権にもってくることができるかという問題がある。もう1つの問題は，物上代位権の行使の方法である。304条1項但書は，「先取特権者は，その払渡し又は引渡しの前に差押えをしなければならない」と規定している。そこで，この差押えの意義をどのように解するかについてである。

(2)　代位物の範囲

(ア)　売買代金債権

動産先取特権は，第三者への追及効がないので（333条）（第3章第*2*節**2**(2)(イ)参照），目的物の売買代金債権に物上代位を認める必要がある。これに対して，抵当権は，登記を経ていれば，追及効が認められる。すなわち，抵当不動産が第三者に譲渡されても，抵当権者は，抵当権を実行することが可能である。そこで，多数説は，抵当不動産の売買代金債権に対する物上代位を否定する。

さらに，売買代金債権に対する物上代位を肯定すると，複数の抵当権が設定されている場合，第三取得者は十分な保護を受けることができない。たとえば，1番抵当権者が売買代金債権に対する物上代位によって弁済を受けて消滅しても，2番抵当権は消滅せずに，1番抵当権に順位が昇格するだけである。逆に，2番抵当権者が物上代位によって消滅しても，1番抵当権者は消滅しないからである。このように，抵当権者が，売買代金債権に対する抵当権に基づく物上代位により，その一存で売却代金を取得することを認めると，妥当な結果はもたらされない。この観点からも，売買代金債権に対する物上代位は認められない。そこで，民法は，抵当権者が売却代金から満足を得る方法として，代価弁済制度（378条）を設けた。代価弁済は，第三取得者が，抵当権者の請求に応じて，抵当不動産の売却代金を抵当権者に支払うことによって抵当権を消滅させる制度である（第5節**2**参照）。

（イ）目的物の滅失・毀損により受けるべき金銭

第三者の不法行為により抵当不動産の所有者が取得する損害賠償請求権（大判大正5年6月28日民録22輯1281頁，大判大正6年1月22日民録23輯14頁）や，抵当不動産の所有者が取得する保険金請求権（大判明治40年3月12日民録13輯265頁，大連判大正12年4月7日民集2巻209頁）である。これらは，抵当不動産の価値変形物であり，これらに抵当権の効力が及ぶことについて，判例・学説に異論はない。

（ウ）賃料債権

(1)で述べたように，かつて，物上代位は，担保目的物の価値変形物に対して担保物権の効力を及ぼす制度ととらえられていた。しかし，賃料債権は，素直に考えれば，担保目的物の価値変形物ではないことから，そのような物上代位の理解の下で，賃料債権に対する物上代位を認めるためには，賃料は抵当不動産の交換価値のなし崩し的実現とでもとらえるしかなかった。

しかし，非占有型担保物権である抵当権にあっては，抵当権の実行までは，抵当不動産の使用・収益は，その所有者に委ねられるべきものである。そこで，抵当権に基づく賃料に対する物上代位を認めては，非占有型担保物権である抵当権の性質に反するとして，**2**(3)で述べたように，旧371条の果実には，天然果実，法定果実ともに含まれ，抵当権に基づく賃料に対する物上代位は認められないという考え方が多数説となった。

しかし，最判平成元年10月27日民集43巻9号1070頁は，このような議論の対立に終止符を打った。すなわち，同判決は，一般論として，抵当権に基づく賃料に対する物上代位を肯定する判断を示した。同判決によって，物上代位制度は，以下のように理解すべきものとなった。

すなわち，(1)で述べたように，従来，物上代位制度は，担保目的物の価値変形物に対して担保物権の効力を及ぼす制度として理解されてきた。しかし，賃料に対する物上代位が認められたことから，現在，物上代位制度は担保権者を保護するためのきわめて政策的な規定ととらえられることになった。そこで，同じく物上代位といっても，損害賠償債権のような担保目的物の価値変形物に対する代替的（代償的）物上代位と，担保目的物から派生的に生じる債権である賃料債権に対する派生的（付加的）物上代位という性質の異なる2つがあることになる。

Column⑧　物上代位の行使可能時期

抵当権の実行は，被担保債権が不履行に陥った後でなければできないが，代替的物上代位については，実体法上は，たとえ，不履行前であっても，価値代替物に抵当権の効力が及んでいることを明らかにする，言葉を換えれば，価値代替物に対する抵当権の効力を保全することはできる。しかし，手続上，物上代位権の行使としての債権差押えは，担保権の実行としての差押手続である民事執行法193条に基づき行うものとされる（同条1項後段）ために，不履行後でなければ物上代位権の行使はできない。手続の不備といわざるをえない。これに対して，付加的物上代位にあっては，抵当権は非占有型担保物権であることから，不履行後でなければ，物上代位権の行使はできないと解すべきである。

(3)　行使の手続――差押えの意義

372条で準用する304条1項但書は，物上代位権を行使する要件として，抵当権者は，代位物の「払渡し又は引渡しの前に差押えをしなければならない」と規定している。この「差押え」の意義について，最判平成10年1月30日民集52巻1号1頁は，その基本的立場を明らかにした。

同判決の事案を簡略化すると以下のようになる（〔図1-3〕）。

①　Xは，A所有の甲不動産に抵当権を設定した。

②　Aは，Yに，甲不動産を賃貸した。

③　Aは，Yに対する将来の賃料債権をBに譲渡し，第三者対抗要件である確定日付ある証書による通知を具備した。

④　Xは，③でBに譲渡された将来の賃料債権に対して，抵当権に基づく物上代位権を行使して差し押さえ，Yに賃料を請求した。

図1-3

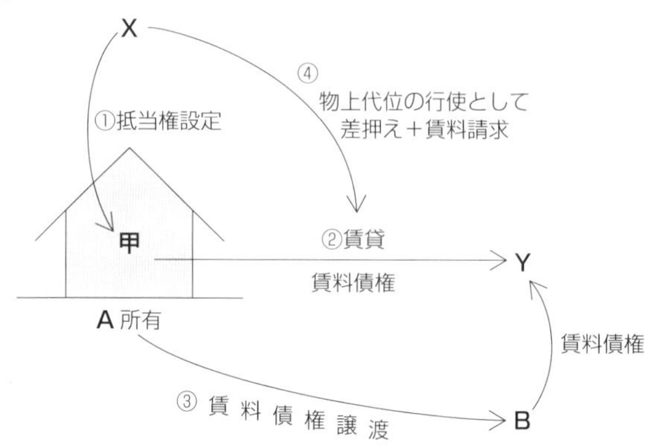

最高裁は，結論として，Xの請求を認め，304条1項但書の差押えは，第三債務者（Y）保護のためにあると判示した。すなわち，第三債務者が債務者（A）に支払った場合，支払いによる代位物の消滅を抵当権者（X）に対抗できないとしては，第三債務者に二重弁済を強いることになって妥当ではない。そこで，第三債務者を二重弁済の危険から保護するために，抵当権者が差し押さえる前は，債務者に弁済しても，当該弁済を抵当権者に主張できるようにしたというわけである。

すると，次の問題は，この差押えの意義は，第三債務者保護に尽きるか否かである。これは，物上代位の目的債権について利害関係を有するに至った者との関係でも「差押え」は意味をもつか否か，換言すれば，抵当権者はいつまでに「差押え」を行わなければならないかという問題とも関連している。たとえば，「差押え」は，物上代位の目的債権について，物上代位権に基づく抵当権の対抗要件たる意味を有するとすると，債権譲渡の第三者対抗要件具備に後れて物上代位権を行使した——差押えをした——抵当権者は債権の譲受人に劣後することになる。この点，最高裁は，公示のある担保権である抵当権については，物上代位権の目的債権に抵当権の効力が及んでいることは登記によって公示されているとして，債権譲渡後——正確には債権譲渡の第三者対抗要件具備後——であっても，物上代位権の行使は可能であると判断した。

したがって，判例は一般債権者による差押えと抵当権者による物上代位権の行使としての差押えが競合した場合には，両者の優劣は，一般債権者による差押えと抵当権設定登記の先後により決せられると解している（最判平成10年3月26日民集52巻2号483頁）。

さらに，最判平成17年2月22日民集59巻2号314頁は，公示のある担保物権である抵当権とは異なり，公示のない担保物権たる動産先取特権においては，物上代位の目的債権に対して動産先取特権の効力が及んでいることは，差押えによって公示されていると判示した。すなわち，公示のない動産売買先取特権にあっては，抵当権とは異なり，差押えは「物上代位の目的債権の譲受人等の第三者の利益を保護する趣旨を含む」とし，物上代位の目的債権たる担保目的物の転売代金債権譲渡の第三者対抗要件が具備された後は，もはや，物上代位権を行使することはできないと判示した（Column ㉟参照）。すなわち，同じく物上代位の目的債権の譲渡であっても，公示のない担保物権と公示のある担保物権では，扱いを異にしている。

Column⑨　最判平成10年1月30日への疑問

前掲最判平成10年1月30日は，抵当権設定者が，抵当不動産の賃料に対する抵当権に基づく物上代位権の行使を，賃料債権の譲渡によって妨害しようとしたいわゆる執行妨害の事案である。したがって，このような執行妨害の事案において，最高裁が抵当権者を優先させた結論自体は是認できるが，このような一般論を展開することが妥当であったか否かは，非常に疑問である。というのは，本判決は，債権譲渡の対抗要件をめぐる民法の体系とぶつかってしまうからである。なお，以下の記述を理解するためには，467条が定める債権譲渡の対抗要件に対する理解が不可欠であるので，債権譲渡の対抗要件を学んでから，戻ってきてほしい。

債務者対抗要件と債務者以外の第三者（以下「第三者」という）対抗要件が分離していない467条が定める債権譲渡の対抗要件制度の下においては，第三債務者（Y）は，最初に確定日付ある証書による通知をくれた譲受人（B）に支払えば免責される。これに対して，本判決によれば，第三債務者は，抵当権者（X）による差押通知を受け取った以降の賃料については，Bに支払っても免責されないことになるからである。この点，最高裁は，差押通知を受け取るまでにBに支払った部分については，第三債務者は免責されるのだから，第三債務者を害することはないと述べるのみである。

ただし，この点は，動産及び債権の譲渡の対抗要件に関する民法の特例等に関する法律（以下「特例法」という）のように第三者対抗要件と債務者対抗要件が分離した制度を前提に考えた場合には説明がつく。

すなわち，債権譲渡が競合し，一方の譲渡については特例法による第三者対抗要件が，他方については民法による第三者対抗要件が具備されたとする。たとえば，今，甲の乙に対する債権がABに譲渡され，①Aに対する譲渡は第三者対抗要件たる譲渡登記，②Bに対する譲渡については確定日付ある証書による通知がなされたとする。この段階においては，登記の効果は第三債務者である乙には及んでいないので（特例法4条1項），乙は，Bを新債権者として扱えば足り，Bに弁済すれば免責される。しかし，乙がBに弁済する前に，③乙に対して特例法4条2項による通知がなされた場合には，乙について，民法による確定日付ある証書による通知が競合したような状態が生じ，乙は，債権譲渡登記の日時と確定日付ある証書の到達日時の先後を判断して，前者が先であれば，Aに弁済しなければならないことになる（〔図1-4〕）。

図1-4

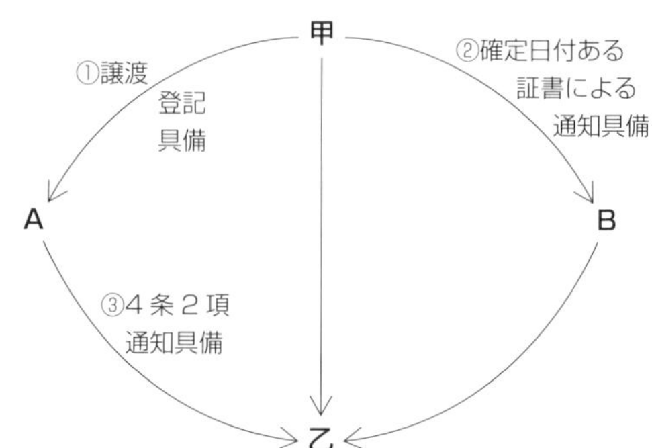

この場合，乙が後れて通知が到達したAに対して弁済しなければ免責されないことは，特例法4条2項の通知にあっては，登記事項証明書の記載により，債権譲渡登記の日時が明確になっていることによって正当化される。この点，抵当権に基づく物上代位権の行使としての差押えに係る差押命令が第三債務者に到達した場合も，第三債務者に対して，抵当権設定登記の日時

が知らされるので，同法4条2項による通知がなされたと同じ状態が生ずるからである。

ところで，前掲最判平成10年1月30日に話を戻すと，賃料債権の譲受人（B）と抵当権者（X）の優劣は，債権譲渡の第三者対抗要件と抵当権登記の先後で決せられる以上，XはBに優先する。すると，Xによる差押え以前にBが受領した賃料についても，Xが優先権をもつので，XはBに対して，Bが受領した賃料について不当利得に基づく返還請求権を有するのではないかが問題となる。

しかし，抵当権者は必ずしも物上代位権を行使するとは限らないにもかかわらず，抵当権者による不当利得返還請求権を認めては，第三者を不当に不安定な地位に置くことになる。したがって，物上代位権は，物上代位権が現実に行使されるまでは浮動的な権利にとどまり，Bは，第三債務者（Y）がXによる差押えを受けるまでに受領した賃料は自らのものとできると解すべきである。この点，Column⑪で述べる物上代位と相殺に関する最判平成13年3月13日民集55巻2号363頁が，「（物上代位権の行使としての）差押えがされた後においては，抵当権の効力が物上代位の目的となった賃料債権にも及ぶ」と判示しているところから，最高裁も，そのように解している。

Column⑩　転付命令と物上代位

物上代位の目的債権について，転付命令（民執159条1項）が発せられた後に，抵当権者は物上代位権の行使ができるか。民事執行法上，転付命令が確定すれば，もはや，他の債権者は，目的債権を差し押さえることはできない（民執159条3項）。そこで，最判平成14年3月12日民集56巻3号555頁は，物上代位権の行使としての差押えと強制執行における差押えを別異に解する理由はないとして，転付命令が確定した以上，抵当権者は，差押え――物上代位権の行使――をすることはできないと判示した。同判決は，民事執行法という手続法上の理由によって物上代位権の行使を認めなかった。しかし，転付命令は，目的債権を差押債権者に移転する効果を有している。そこで，この点を強調すると，債権譲渡と物上代位権の行使が競合した事案である前掲最判平成10年1月30日と平仄がとれているかはすこぶる疑問である。

Column⑪ 物上代位と相殺

前掲最判平成10年1月30日によれば，第三債務者は，抵当権者による差押えがあるまでは，自身の債権者に弁済すれば免責される。同様に，第三債務者は，抵当権者による差押え前に行った相殺を抵当権者に対抗することができる。逆に，第三債務者は，抵当権者による差押えがあった後は，自身の債権者に弁済しても免責されない。それでは，同様に，第三債務者は，抵当権者による差押えがあった後は，一切，相殺を抵当権者に対抗することはできないのだろうか。この問題を理解するには，改正511条1項（改正前511条）の理解が不可欠であるので，それらを学んでから，戻ってきてほしい。

さて，差押えを受けた第三債務者は，当該債権を消滅させてはならないので，弁済同様，相殺も一切できなくなるという結論が導かれそうである。しかし，民法は，差押えと相殺に関する511条において，その例外を設け，差押え前に第三債務者に相殺の期待が形成されている場合には，差押え後であっても相殺の効力を認める。

ところで，511条にあっては，そこでいう差押えは強制執行としての差押えであり，相殺の期待の有無が判断される基準時は差押え時である。これに対して，同じく差押えであっても，抵当権者による物上代位権の行使による差押えの場合には，前掲最判平成10年1月30日によれば，物上代位の目的債権に抵当権の効力が及んでいることは抵当権設定登記によって公示されている。そこで，その基準時は，抵当権設定登記時か差押え時かという問題がある。そして，この問題に答えたのが，前掲最判平成13年3月13日である。

同判決の事案は，〔図1-5〕にあるように，抵当不動産の賃借人であるYが，その賃貸人であるAに対して有する債権を自働債権，賃料債権を受働債権とする相殺を行ったところ，この相殺は，それ以前に物上代位権の行使として賃料債権を差し押さえた抵当権者（X）に対抗できるかが問題となったものである。ここで，Yが行った相殺の自働債権は，YがXの抵当権設定登記後に取得したものである。

最高裁は，「抵当権者が物上代位権を行使して賃料債権の差押えをした後は，抵当不動産の賃借人は，抵当権設定登記の後に賃貸人に対して取得した債権を自働債権とする賃料債権との相殺をもって，抵当権者に対抗することはできない」と判示した。すなわち，同判決は，第三債務者（Y）の相殺の期待の判断時を，抵当権設定登記時と解していることになる。その理由とし

図 1-5

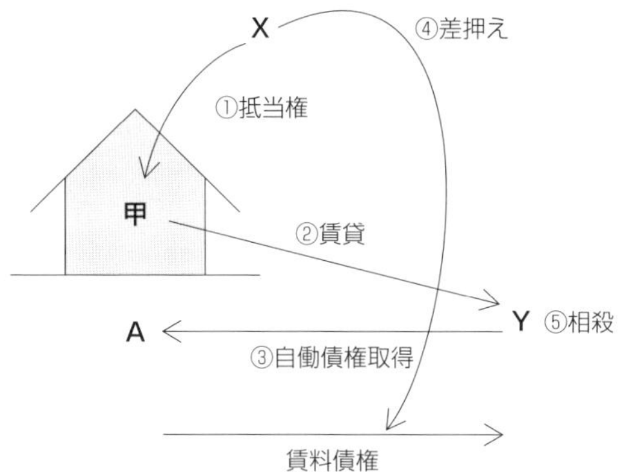

て，最高裁は「物上代位により抵当権の効力が賃料債権に及ぶことは抵当権設定登記により公示されているとみることができる」と述べている。しかし，このことは，第三債務者である賃借人がまったく関与しない抵当権設定登記をもって，賃料債権に対して抵当権の効力が及んでいることについての第三債務者に対する公示として処遇していることを意味する。この点は，差押えの意義は第三債務者保護にあるとした前掲最判平成 10 年 1 月 30 日および改正前民法 468 条 2 項および特例法 4 条 3 項と平仄があうのか，はなはだ疑問といわざるをえない。

なお，最高裁は，敷金返還請求権は賃借人の明渡し時に発生するとしている（最判昭和 48 年 2 月 2 日民集 27 巻 1 号 80 頁）。すると，前掲最判平成 13 年 3 月 13 日によれば，〔図 1-5〕において，Y のする相殺の自働債権が敷金返還請求権である場合には，Y は，常に，賃料債権を受働債権とする相殺をもって抵当権者に対抗できないことになる。そこで，抵当権者が賃料債権を差し押さえた場合には，賃借人は，敷金が返還される可能性は限りなくゼロに近いにもかかわらず，賃料を支払わなければならないという状況に陥る。

しかし，最判平成 14 年 3 月 28 日民集 56 巻 3 号 689 頁は，敷金契約の趣旨は，物件明渡しに際し未払賃料等に対する敷金の当然充当の合意であり，この合意は，物上代位権に基づき賃料を差し押さえた抵当権者にも対抗できるとした。すると，この場合，債権の対立は生じないので，相殺は問題とならず，賃借人は，敷金返還請求権を実現できることになるというわけである。

4　抵当権侵害

(1)　抵当権に基づく物権的請求権

抵当権も物権である以上，それが侵害あるいは侵害のおそれがある場合には，抵当権者に物権的請求権が認められることは間違いない。しかし，抵当権にあっては，いかなる場合に物権的請求権が認められるかについては，目的物の使用・収益権能は抵当不動産の所有者に委ねられているという非占有型担保物権に由来する考慮が必要である。具体的には，以下のような侵害の態様が考えられる。

(ア)　抵当不動産に対する物理的侵害

単純に抵当不動産を損傷する行為，および，抵当山林の樹木を伐採する，あるいは，抵当建物から従物を分離するなど，抵当不動産から抵当権の効力が及ぶ目的物を分離・搬出する行為は，抵当権侵害にあたる。というのは，それらの行為によって，抵当権者の優先弁済を受ける権利が侵害されるからである。したがって，競売開始決定前であっても，損傷・分離・搬出行為を防止するべく，抵当権に基づく物権的請求権が認められる（大判昭和6年10月21日民集10巻913頁）。ただし，非占有型担保物権である抵当権にあっては，抵当不動産の使用・収益は，その所有者に委ねられているので，たとえば，抵当不動産の山林の樹木を山林管理の範囲内で伐採する等，通常の使用・収益については，それによって抵当不動産の価値の下落がもたらされるものであったとしても，物権的請求権は発生しない。

ところで，たとえば，抵当不動産の山林の樹木が伐採され，抵当不動産から運び出されてしまった場合のように，抵当権の効力が及ぶ物が抵当不動産から分離されただけではなく，抵当不動産上から搬出されてしまった後も抵当権者には物権的請求権が認められるだろうか。抵当権者に物権的請求権が認められるためには，前提として，伐採によって動産となった樹木に対しても抵当権の効力が及ぶことが必要である。この点について，考えられる選択肢およびそれぞれに対応する物権的請求権の有無は以下のとおりである。

まず，①分離物が抵当不動産上にある場合には抵当権の効力は及ぶが，不動産上から持ち出されてしまうと，抵当権の効力は及ばないという考え方がある。

それに対しては，②抵当不動産上から運び出されても抵当権の効力は及ぶという考え方がある。②の考え方は，抵当権の対抗力をめぐって，さらに，(a)所在場所にかかわらず抵当権の対抗力は認められるという考え方と，(b)抵当不動産上から運び出されてしまうと対抗力を失うという考え方に分かれる。

①によれば，抵当権設定者が分離物を占有している場合であっても，不動産上から持ち出されてしまうと，物権的請求権を行使することはできなくなってしまうので適当ではない。②(a)によれば，抵当不動産上から運び出されても，即時取得（192条）されない限り，抵当権者は，第三者に対しても抵当権を主張することは可能である。これは，工場抵当法5条がとる立場である。しかし，工場抵当法の場合には，付加物等については目録が作られ，目録の記載は登記とみなされる（3条1項・2項）ので，付加物が抵当不動産上から持ち出されても，公示が備わっている。これに対して，抵当権の場合には，公示は不動産登記だけなので，抵当不動産上から持ち出された場合には，公示は失われると解するべきである。したがって，②(b)が妥当である。すなわち，抵当不動産上から搬出された分離物に対しては，抵当権者は，占有者が抵当権設定者であるときは抵当権を主張し，物権的請求権を行使できるが，第三者であるときは，抵当権は対抗力を失う結果，物権的請求権を行使できない。

なお，抵当権者は，物権的請求権として，抵当不動産上から持ち出された分離物を元あった場所である抵当不動産上に戻すことを請求できる（工場抵当法下の事件である最判昭和57年3月12日民集36巻3号349頁）。

（イ）占　　有

抵当不動産の占有者が抵当目的物を損傷するおそれがあるときは，(ア)にあたり，抵当権者が物権的請求権を行使できることは当然である。これに対して，ここでの問題は，占有自体が抵当権侵害にあたるか，抵当権者は抵当権に基づく妨害排除請求として抵当不動産の占有を排除できるかにある。

かつて，判例（大判昭和9年6月15日民集13巻1164頁）・学説は，抵当権は非占有型担保物権であり，抵当権者は，抵当不動産の使用収益に干渉できないことを理由に，抵当不動産の占有を排除することはできないとするのが一般的であった。しかし，やがて，抵当権に基づく妨害排除請求として抵当不動産の占有の排除を認める肯定説が多数説を占めるようになった。肯定説は，抵当不動産の占有による執行妨害が頻発しているという状況を前にして，占有それ自体が担保価値を減少させることがあり（以下，このような占有を「不法占有」という），その場合には，占有それ自体が抵当権侵害となり，したがって，抵当不動産の担保価値を維持するために，抵当権者は，抵当権に基づく妨害排除請求権を行使して抵当不動産の不法占有を排除することができると主張する。

しかし，そのような中にあって，最判平成3年3月22日民集45巻3号268頁は，「抵当権は，設定者が占有を移さないで債権の担保に供した不動産につき，他の債権者に優先して自己の債権の弁済を受ける担保権であって，抵当不動産を占有する権原を包含するものではなく，抵当不動産の占有はその所有者にゆだねられて」おり，「抵当権者は，抵当不動産の占有関係について干渉し得る余地はない」と判示して，抵当権に基づく妨害排除請求権および抵当権の被担保債権を保全するためにする抵当権設定者の所有権に基づく返還請求権の代位行使（改正前423条）をともに否定した。

しかし，金融危機を背景として，債権回収の円滑化のために競売手続の適正・迅速な進行の要請が一段と強くなっているにもかかわらず，依然として，執行妨害をもくろんだ不法占有は，後を絶たなかった。そこで，このような状況を背景として，最大判平成11年11月24日民集53巻8号1899頁は，抵当権者が，無権原占有者に対して，抵当権の被担保債権を保全するため，抵当不動産の所有者の無権原占有者に対する妨害排除請求権を代位行使して，自己への明渡しを請求した事件において，前掲最判平成3年3月22日を変更し，明渡請求を認めた。同判決において，最高裁は，「第三者が抵当不動産を不法占有することにより，競売手続の進行が害され適正な価額よりも売却価額が下落するおそれがあるなど，抵当不動産の交換価値の実現が妨げられ抵当権者の優先弁済請求権の行使が困難となるような状態があるときは，これを抵当権者に対する侵害と評価することを妨げるものではない」と判示した。そして，「第三者が抵当不動産を不法占有することにより抵当不動産の交換価値の実現が妨げられ抵当権者の優先弁済請求権の行使が困難となるような状態があるときは，抵当権に基づく妨害排除請求として，抵当権者が右状態の排除を求めることも許されるものというべきである」として，抵当権に基づく妨害排除請求を認めた。

Column⑫　債権者代位権の行使と抵当権者への明渡し

前掲最大判平成11年11月24日では，最高裁は，代位構成により，抵当不動産の無権原占有者に対して，抵当権者への明渡しを命じた。その際，最高裁は，抵当権者が抵当不動産の所有者に対して有する「(抵当不動産の侵害) 状態を是正し抵当不動産を適切に維持又は保存するよう求める請求権」を被保全権利としている。

また，代位構成にあっては，本来ならば，抵当権者は，無権原占有者に対して，抵当不動産所有者への明渡ししか請求できないはずである。しかし，同判決は，抵当不動産の所有者が受領を拒み，または，受領が困難であるときには，抵当権者は自己への明渡しを求めることができると判示した。ただし，抵当権者は抵当不動産の使用収益権能は有していないので，その維持管理ができるにとどまる。

前掲最大判平成11年11月24日では，妨害排除請求の相手方は無権原占有者であった。これに対して，最判平成17年3月10日民集59巻2号356頁は，抵当権者に対抗できない権原に基づく占有者ではあるが，抵当不動産所有者との関係では占有権原のある者——具体的には抵当権設定後に登場した賃借人——に対して，抵当権に基づく妨害排除請求を認めた。すなわち，最高裁は，占有権原のある占有者の場合であっても，①競売手続を妨害する目的が認められ，かつ，②優先弁済請求権の行使が困難となるような状態があるときは，抵当権侵害があることを認めた。この場合，抵当権者による妨害排除請求が認められるためには，無権原占有者の場合とは異なり，競売手続を妨害する目的をもって占有権原が設定されたことを必要とする。妥当である。

なお，不法占有者の排除のためには，民事執行法も，いくつかの手段を用意している。これらの手段は，1996 (平成8) 年以来，数次にわたって強化された。その詳細は民事執行法において学んでほしいが，今，条文だけ紹介すると，売却のための保全処分 (民執55条・55条の2) を中心として，買受人のための保全処分 (民執77条)，引渡命令 (民執83条)，不動産競売開始決定前の保全処分 (民執187条) であり，これらは，担保不動産競売に準用される (民執188条)。

(2)　不法行為に基づく損害賠償請求権

抵当権は財産権であって，したがって，それを侵害した者は，不法行為に基づく損害賠償義務を負う（709条）。しかし，抵当権の権利内容は優先弁済を受ける権利であることから，①不法行為によって，抵当不動産に減価があっても，抵当不動産の残存価値で被担保債権の満足が得られるのであれば，抵当権者には損害は発生しないので，不法行為は成立しないのではないか，②被担保債権の満足が得られるか否かは，結局のところ，抵当権を実行してみなければわからないので，抵当権実行時まで損害賠償請求できないのではないかが問題となる。判例は，①については，抵当不動産の減価により被担保債権の満足が得られなくなったときに限り損害があるといえる（大判昭和3年8月1日民集7巻671頁）とし，②については，抵当権実行時または被担保債権の弁済期到来後で抵当権実行前における損害賠償請求時を基準時として判断される（大判昭和7年5月27日民集11巻1289頁）とする。

さらに，抵当権にあっては，不法行為者が誰であるかによっても問題が生じる。

債務者以外の抵当不動産所有者が不法行為者である場合には，抵当権者は損害賠償請求権を有する。これに対して，債務者である抵当不動産所有者が不法行為者である場合には，抵当権者の損害賠償請求権は意味をもたない。というのは，この場合の損害というのは，前述したように，抵当不動産の減価によって減少した抵当不動産からの優先弁済額であり，抵当権者は，被担保債権額全額を債務者に請求できるからである。なお，この場合，債務者は被担保債権の期限の利益を喪失するので，債権者である抵当権者は，ただちに，被担保債権の弁済請求，抵当権の実行が可能となる（137条2号）。また，抵当権者は増担保請求ができると解されている。債務者が増担保をすれば，期限の利益は失われない。

第三者が不法行為者である場合には，抵当不動産所有者も，不法行為者に対して，損害賠償請求権を有する。そこで，最近の多数説は，所有者だけが第三者に対して損害賠償請求権をもち，抵当権者は，それに物上代位できるだけだと解している。直接の請求権を認めると物上代位との関係が錯綜するからである。

第4節　抵当権と用益権

1　はじめに

抵当権と用益権をめぐっては2つの問題がある。1つは，同一不動産上に，抵当権と用益権が存在する場合の両者間の優先関係の問題である。これについては，**第2節2**(3)で説明したように，「同一不動産上の用益権との対抗関係も，登記の先後によって定まる」，すなわち，対抗要件の一般原則に従う。

たとえば，Aは，その所有する甲建物にBのために抵当権を設定した後に，甲建物をCに賃貸したとする。この場合，Bの抵当権とCの賃借権の優劣は，対抗要件具備の先後に従う。したがって，Cの賃借権の対抗要件――登記(605条）あるいは引渡し（借地借家31条）――の具備がBの抵当権の登記に後れる場合には，Bの抵当権がCの賃借権に優先する。**第2節2**(3)で述べたように，抵当権と用益権の優先関係が顕在化するのは，抵当権が実行されたときである。そこで，この建物が競売された場合には，買受人Dは，Bの抵当権に劣後するCの賃借権の負担を引き受けなくてもよいので，Dは，Cの賃借権が消滅した甲建物を取得できる。すなわち，Dは，Cに対して，「出ていけ！」といえる（〔図1-6〕)。

図1-6

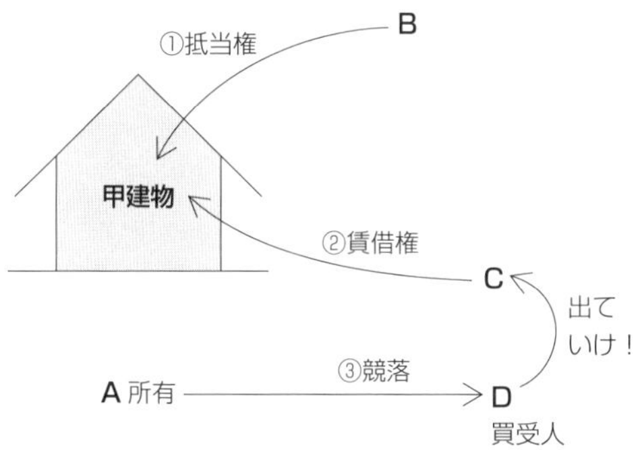

もう1つは，土地または建物上の抵当権が実行された場合に，建物に敷地利用権が付着するかの問題である。この問題は，土地と建物を別個の物とする日本法に特有の問題である。

抵当権設定時にすでに敷地利用権が存在しておれば，土地抵当型の場合には，今，述べた抵当権と用益権との優先関係の問題になり，建物抵当型の場合には，用益権の譲渡性の問題となる。

❶ 土地抵当型（〔図1-7-1〕）

図1-7-1

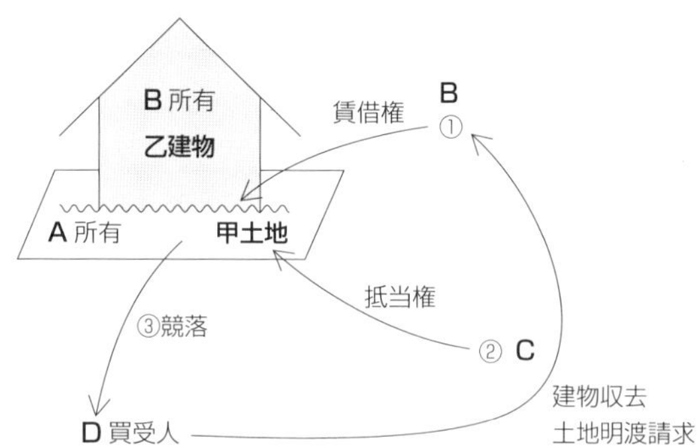

A所有の甲土地の上に，Bが，賃借権の設定を受けて，乙建物を所有しており，同建物には，Bの登記があるとする。この場合，借地上に立つ建物の登記によって，Bの賃借権は対抗力を具備するので（借地借家10条1項），たとえ，後に甲土地にCのための抵当権が設定されても，Bは，その賃借権をCの抵当権に対抗できる。したがって，もし，抵当権が実行されて，Dが甲土地の買受人となっても，BはDに対して，賃借権を対抗できるので，乙建物の存続をはかることができる。

❷ 建物抵当型（〔図1-7-2〕）

図1-7-2

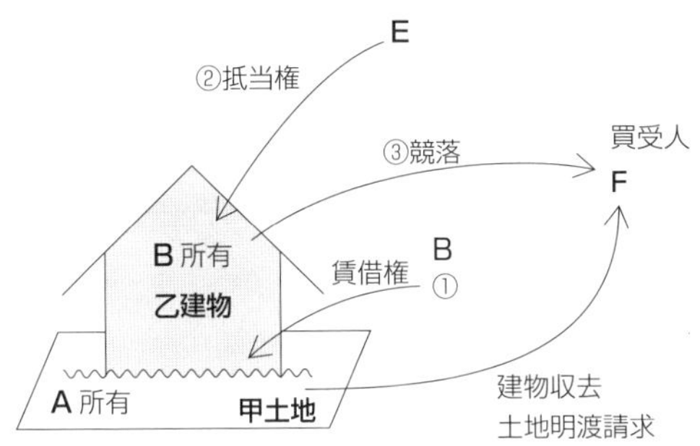

❶と同じ状況の下で，今度は，BがEのために抵当権を設定したとする。

この場合，第3節2(2)で述べたように，370条の類推適用によって，抵当権は，建物の所有権の従たる権利である賃借権にも及ぶ。したがって，この抵当権が実行された場合には，買受人Fは，この賃借権も取得する。しかし，賃借権は，譲渡性がないために（612条），本来なら，賃貸人AはFに対して，建物収去・土地明渡しを請求できるはずである。しかし，それでは，Aは，何らの対価を支払うことなく，土地賃借権の負担を免れることになり不公平であるので，借地借家法20条は手当てをおいた。すなわち，Aが賃借権の譲渡を承諾しないときは，裁判所は，Fの申立てにより，Aの承諾に代わる許可を与えることができる。

このように，抵当権設定時において，すでに，敷地利用権が設定されている場合には，土地抵当型，建物抵当型ともに，抵当権実行後にあっても，建物の存続をはかることができる。しかし，土地・建物が同一所有者に属している場合には，原則として，日本には自己借地権の制度は認められていないために，抵当権設定に先立って，敷地利用権を設定することは不可能である。そのため，抵当権実行後の建物存続のためには特別の制度を必要とする。これが388条の定める法定地上権である。

2 抵当権に劣後する賃借権の保護

(1) はじめに

1で述べたように，抵当権に劣後する賃借権にあっては，賃借人は，買受人からの明渡請求に応じなければならないことになる。これが原則である。すると，抵当不動産の賃借人は，いつ，抵当権が実行され，買受人が現れて，「出ていけ！」と言われるかわからないことから，抵当権が設定されている不動産を借りるお人好し（？）は，なかなか現れないかもしれない。これでは，抵当権は非占有型担保物権であって，抵当不動産の使用収益は，その所有者に委ねられているといっても，現実には，所有者の使用収益権能は制約を受けてしまっている。しかし，所有者の使用収益権能の実を挙げるために，抵当権に劣後する賃借権であっても買受人は無制限に引き受けなければならないとしては，今度は，抵当権者の利益を不当に害することになってしまう。というのは，日本においては，通常，賃借人の存在する不動産の価値は，存在しない場合に比べて，低いからである。

そこで，このバランスをとるために，2003（平成15）年の担保・執行法改正前においては，短期賃貸借制度（旧395条）が設けられていた。すなわち，旧395条は，その本文で，抵当権の登記後に登記を備えた賃貸借であっても，602条の期間――たとえば，建物であれば3年，山林以外の土地であれば5年――を超えない期間のものであれば，抵当権者に対抗できると規定していた。したがって，買受人は，本来は抵当権の登記後に設定された賃借権を引き受ける必要はないが，短期賃借権である場合には，引き受けなければならなかった。

しかし，この短期賃貸借制度は，抵当権実行の妨害手段として悪用されるという弊害が生じていた。すなわち，短期賃借人は，抵当権設定登記後に設定されたものであっても，その賃借権を買受人に対抗できる。そこで，首が回らなくなった抵当不動産の所有者を賃貸人として，高額な敷金の約定や賃料の長期にわたる前払いをしたことにして，短期賃借権を設定する。短期賃借人は，競落による買受人が出現しても，占有を継続することができるので，買受人は，短期賃貸借が継続している間は一銭の賃料も入らないばかりか，短期賃貸借の期間満了時には高額な敷金を返還しなければならなくなる。さらに，そのような短期賃借人の場合，賃貸借期間が満了したからといって，速やかに退去してくれるかもはなはだ疑問といわざるをえない。このような多くの厄介事をもたらす不動産に対しては，なかなか買手が現れず，ために，売却価格はどんどん下がってしまうことになる。このように短期賃貸借の中には，その存在によって一般人の入札を妨げ，賃借人あるいはその関係者が安く競落しておいて他に高く転売する，あるいは，抵当権者に対して高額な立退料を請求する等，不当な経済的利益を得ることを目的として設定されるものが少なからず存在したからである。

そこで，改正の主要な目的が不良債権処理の迅速化にあった2003（平成15）年の担保・執行法改正においては，競売手続の機能不全の原因の１つとなっていた短期賃貸借制度は廃止されることになった。そして，抵当権者と賃借人の間のバランスをとる制度として，新たに，明渡猶予期間制度（395条）と抵当権登記後の賃借権についての抵当権者の同意制度（387条）が設けられた。

(2)　明渡猶予期間制度

(1)で述べたように，短期賃貸借制度は廃止された。しかし，単に廃止するだけにすると，抵当権設定登記に後れて対抗要件を備えた賃借権の賃借人は，抵当権が実行されると，買受人から，ただちに明渡しを求められることになる。そこで，このような賃借人の不利益を緩和すべく，建物の賃借人については，買受人の買受けの時から６か月の明渡猶予期間制度が設けられた（395条）。この猶予期間は代替の建物をみつけて引越しをする準備期間ということになる。

この明渡猶予期間制度によって保護される賃借人は，「抵当権者に対抗することができない賃貸借により抵当権の目的である建物の使用又は収益をする者」（395条１項柱書）であって，①競売手続の開始前から使用または収益をする者（同条同項１号）と②強制管理・担保不動産収益執行の管理人が競売手続開始後に行った賃貸借により使用または収益をする者（同条同項２号）である。競売手続開始後，すなわち，不動産の差押え後に設定された賃借権は，本来なら，差押えの処分禁止効から，買受人には対抗できないので，賃借人は，買受人が出現したら，ただちに明渡請求を受ける者のはずである。しかし，強制管理・担保不動産収益執行という国家の制度に則って行われた賃貸借の賃借人については，競売手続開始後に行われた賃貸借であることを理由として保護を与えない――ただちに明渡しを請求する――のはバランスが悪いということで，明渡猶予期間が与えられることになった。したがって，旧法下においては，抵当権登記後の長期賃借人に対しては一切保護は与えられていなかったが，現行395条の下においては，長期賃借人，短期賃借人を問わず，明渡猶予期間が与えられることになる。

なお，明渡猶予期間中の元賃借人の占有権原は明確ではないが，買受人との間に賃貸借関係はないので，元賃借人は，買受人に対して，賃料債務を負担しない。しかし，他人の不動産に居住するというのは不当利得である。そこで，買受人が元賃借人に対し，相当の期間を定めて，1か月分以上の使用の対価の支払いを催告したにもかかわらず，その期間内に支払いがない場合には，買受人は，元賃借人に対して，「出ていけ！」と言える。もちろん，「出ていけ！」と言って，出ていかない場合に，無理やり出て行かせるためには，裁判をしなければならない。しかし，実際のところ，裁判は，半年くらいは，たちまち経ってしまうので，その間に猶予期間は満了してしまうことになる。

ところで，旧395条が定めていた短期賃貸借制度の廃止によって，何が変わるのだろうか。まっとうな賃借人である場合には，買受人は，同人と賃貸借契約を締結するであろう。したがって，賃借人の居住の保護という面に対しては，改正は，そんなに影響は与えないと考えられる。最も扱いが異なるのは，敷金である。すなわち，賃借権が買受人に引き受けられることはないので，敷金返還請求権が買受人に承継されることはない。

したがって，元賃借人は，元賃貸人である抵当不動産の所有者から，敷金の返還を受けることになる。しかし，抵当権の実行を受けた者が敷金を返還できるわけはない。そこで，敷金返還請求権を保護するために，敷金については，賃貸人に分別管理義務を課したり，保険制度を導入する等の保護制度の創設が望まれる。

(3) 抵当権者の同意制度

わが国においては，不動産は収益財としての性格が稀薄であるために，一般的に，賃借人のいない不動産の方が，賃借人のいる不動産よりも，高く売れる。

しかし，近年に至って，大規模なテナント・ビルや賃貸マンションのように，賃貸により収益を挙げることを目的として建築される建物が増加している。これらの建物にあっては，抵当権設定後の賃貸借であっても，抵当権の実行に際しては，それを存続させて売った方が高く売れる場合もある。そこで，これらの建物を念頭に置いて，抵当権設定後の賃借権についての抵当権者の同意制度が設けられた（387条）。これは，本来ならば抵当権に劣後する賃借権であっても，抵当権者が同意を与えた場合には，抵当権に対抗できるものとして扱うという制度である。

すなわち，抵当権の登記に後れた賃借権であっても，①登記した賃借権であって，②賃借権の登記前に登記したすべての抵当権者が同意し，かつ，③抵当権者の同意についての登記がなされたときは，抵当権者に対抗でき，買受人は，賃借権を引き受けなければならないことになった。この制度を利用することによって，オフィス・ビル等の収益物件については，抵当権が実行されても，長期・短期にかかわらず賃借権は存続できるようになるので，安定したビル運営が可能になる。

ただし，ここで気を付けなければならないのは，同意制度を用いることができるのは，登記された賃借権に限られるという点である。そのため，この同意制度が利用できる範囲は，きわめて限定されている。というのは，まず，賃貸人が賃借権の登記に応じるというのは稀であり，さらに，区分所有建物を除いて，たとえば，10階建てのビルのうちの5階部分についての賃借権の登記という具合に，不動産の一部についての賃借権の登記は認められていないからである。したがって，この制度を用いることができるのは，たとえば，抵当権者，抵当権設定者が共同事業でテナント・ビルを建て，抵当権設定者が第三者に同ビルを一棟貸しして，同人が，ビルの各部分を転貸するというような場合に限定されると思われる。

3　法定地上権

(1)　意　　義

わが国においては，土地と建物は別個の物とされており，かつ，自己借地権——自分の土地に自分のために借地権を設定すること——は，原則として，認められていない。そのために，土地とその地上の建物が同一の所有者に属している場合に，その一方あるいは両方に抵当権が設定されていると，抵当権の実行によって土地と建物の所有者を異にするに至ることがある。この場合，建物の敷地利用権が存在しないために，建物所有者は，土地所有者から建物収去土地明渡請求を受けることになる。

そこで，このような事態を避け，建物の存続をはかるために，民法は，388条において，土地とその上の建物が同一の所有者に属す場合に，その土地・建物の一方あるいは両方に抵当権が設定され，競落の結果，土地と建物の所有者が異なるに至った場合には，法律上，当然に地上権が設定されたものとみなすと規定した。これが法定地上権の制度である。

なお，国税徴収法127条，民事執行法81条は，抵当権の設定されていない同一所有者に属する土地・建物が公売あるいは強制競売されて，所有者を異にするに至った場合にも，法定地上権は成立すると規定している。

(2) 要　件

388条によれば，法定地上権成立の要件は，①抵当権設定時に土地の上に建物が存在すること，②土地と建物が同一の所有者に属すること，③土地または建物に抵当権が設定されたこと，④競売の結果，土地と建物とが異なる所有者に属するに至ったことである。④については問題がないので，以下，①〜③について，みていくことにしよう。

(ア) 抵当権設定当時建物が存在すること

❶ 更地ケース（〔図1-8-1〕）

Aは，Bのために，その所有にかかる甲土地（更地）に抵当権を設定した後に，甲土地上に，乙建物を建築した。その後，抵当権の実行により，Cが，甲土地の買受人となった。このとき，乙建物のために法定地上権が成立し，CのAに対する建物収去土地明渡請求は認められないか？

更地に抵当権が設定された後に，建物が築造され，抵当権が実行された場合には，判例（たとえば最判昭和36年2月10日民集15巻2号219頁）は，一貫して，法定地上権の成立を否定している。土地は，更地の方が，利用権が付いているものより高く売れる。したがって，更地に抵当権を設定した抵当権者は，土地

図 1-8-1

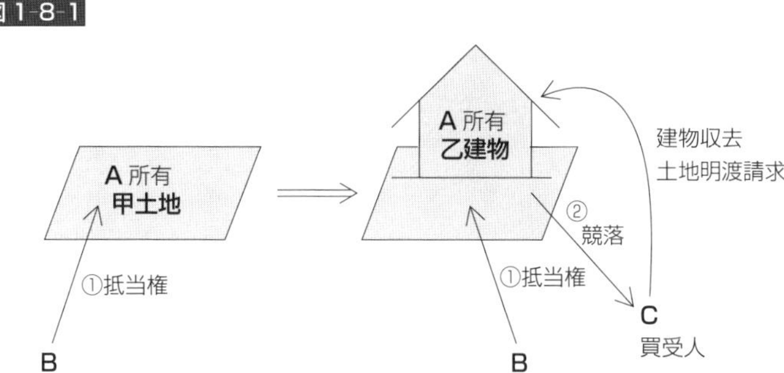

の担保価値を更地として評価している。それが，後になって建物が建てられたからといって，法定地上権が成立するとされたら，競売において，土地は，それだけ安くしか売れないので，抵当権者は不測の損害を被ってしまう。

ところで，この場合，法定地上権の成立を否定する根拠が抵当権者の不測の損害の防止にあるならば，抵当権者に不測の損害を及ぼすおそれがない場合には，法定地上権が認められるのではないかという疑問が生ずる。たとえば，抵当権者が，抵当権設定後の建物の築造に合意を与えており，ために，更地として評価していなかった場合には，法定地上権の成立は認められるのではないかということである。この点について，前掲最判昭和 36 年 2 月 10 日は，抵当権者が，土地に抵当権を設定した当時，法定地上権が成立することを前提に担保価値を評価していた場合には，例外的に，法定地上権の成立を認める余地もあると判示はしているが，現在に至るまで，更地ケースで法定地上権の成立を認めた判例はない。

これは，抵当権設定当時の土地の客観的状況から法定地上権の成否を決定するか，あるいは，その後の土地の変化を考慮に入れた抵当権者の主観的な担保価値の評価を基にしてその成否を決定するかという問題である。しかし，もし，抵当権者の主観的な担保価値の評価を基にして，法定地上権の成否を決すると，この抵当権者以外で抵当不動産に利害関係をもった者，たとえば，買受人や後順位抵当権者が害されることになる。

担保法の世界では，2 人の世界である債権法の世界とは異なり，登場人物は担保を設定した当事者に限られない。したがって，担保法の世界では，ルールが明確である，予測可能性が高いということが何よりも大切である。すると，法定地上権の成否が抵当権者の主観的な評価で左右されると，抵当権設定当事者以外には，抵当権者がどんな担保評価をしたのかわからないので，抵当権設定当事者以外の者は，たとえ，更地に抵当権が設定された場合であっても，法定地上権が成立するという前提で行動することになる。たとえば，買受人であれば，抵当権者の担保評価を詮索するというコストを負担するよりも，リスクを避けて法定地上権を前提として競落する方を選ぶことになる。すると，抵当権者も，たとえ更地に抵当権を設定する場合であっても，法定地上権付きでしか担保評価しなくなり，担保価値の有効利用が阻害されることになる。したがって，抵当権設定時の土地の客観的状況から法定地上権の成否を決するべきで，更地ケースでは，法定地上権の成立は否定されるべきである。

❷　建物の再築・改築ケース　　抵当権設定時は建物が存在したが，その後，当該建物が滅失し，建物が再築されないうちに抵当権が実行された場合には，法定地上権は成立しない。法定地上権は，自己借地権制度を有しない日本において，建物の保護を目的とする制度である以上，保護すべき対象の建物が存在しないからである。ただし，滅失した建物が抵当権実行前に第三者に譲渡されていた場合には，法定地上権を認めてもよいかどうかは1つの問題である。肯定する学説は，当該第三者は，法定地上権の対価を土地所有者に支払っており，また，法定地上権の成立を認めても，抵当権者には不測の損害を与えることがないことを，その理由とする。確かに，法定地上権成否の判断基準としては，抵当権者の予測は重要な意味をもつが，法定地上権は地上建物の存続を目的としている以上，競売時に建物が存在していなければ，その成立は否定すべきであろう。

では，建物が再築された場合には，どうなるだろうか。Aは，Bのために，その所有にかかる甲土地に抵当権を設定した時点においては，甲土地上に乙建物を所有していた。乙建物は火災によって滅失したが，その後，Aは，乙建物に代わる丙建物を再築した。甲土地上の抵当権の実行により，Cが，甲土地の買受人となった。このとき，丙建物のために法定地上権は成立するか？（〔図1-8-2〕）

建物が再築された場合には，判例は，再築建物に法定地上権が成立することを認めている。というのは，B（抵当権者）は，抵当権設定時において法定地上権の負担は覚悟していたので，丙建物のために法定地上権を認めても，特別の損害を被るわけではないからである。

問題は，いかなる建物を基準とした法定地上権が成立するかにある。判例は，抵当権者が，堅固建物が再築されることを承知して，堅固建物の存在を前提として土地の担保価値を評価していたという事案において，新建物を基準にした法定地上権の成立を認めた（最判昭和52年10月11日民集31巻6号785頁）。現在，借地借家法の下では，借地権の存続期間について建物に堅固・非堅固の区別をしなくなったので（3条），この問題自体は生じなくなった。しかし，この判決は，現在にも通ずる問題を含んでいる。

図1-8-2

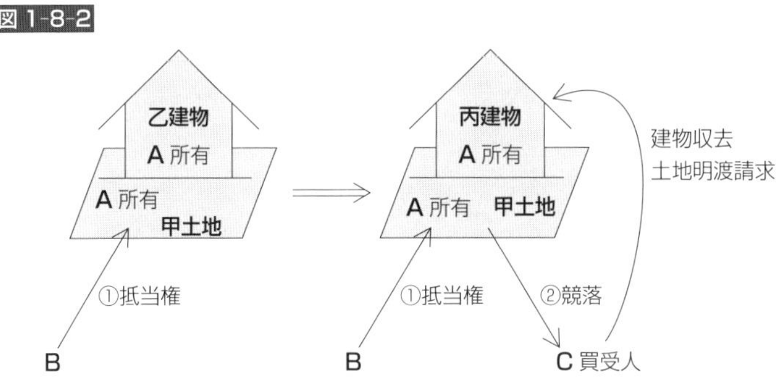

すなわち，この判決は，抵当権設定当時の土地の客観的状態ではなく，その後の変化を踏まえた抵当権者の主観的担保評価を基準にして法定地上権の内容を定めている。しかし，この判決は，抵当権者が買受人となった事案であるので，抵当権設定時における担保評価を前提にして法定地上権の内容を定めても，買受人は害されることはない。しかし，❶で述べたように，買受人が抵当権者以外の者であった場合や，後順位抵当権者が存在している場合には，抵当権者による担保評価によって法定地上権の内容が異なるとしては，これらの者を害する。したがって，原則は，抵当権設定当時の土地の客観的状態を基準にして法定地上権の内容が決せられるべきである。この判決のように，抵当権者の主観的担保評価を基準として法定地上権の内容が決せられるのは，抵当権者が買

受人であって，後順位抵当権者が存在しない場合に限られる。

Column⑬ 共同抵当と建物の再築

従来，建物の再築ケースについては，土地のみに抵当権が設定されていたのか，それとも，土地建物共同抵当であったのかを区別することなしに論じられてきた。しかし，同一の所有者に属する土地とその地上建物に共同抵当権を設定した抵当権者の意図は，法定地上権の負担のない更地としての土地の価値を把握することにある。すなわち，抵当権が実行された場合，土地については，更地価格－法定地上権価格，建物については，建物の本体価格＋法定地上権価格が配当されるので，結局，土地については更地の価値としての土地の価額が得られることになるからである。

前述したように，地上建物が滅失して，新たに建物が築造された場合には，再築建物について法定地上権が成立する。すると，抵当権者が再築建物について抵当権の設定を受けないまま，土地について抵当権が実行されると，抵当権者は，法定地上権の負担の付いた土地価格――更地価格－法定地上権価格――についてしか優先弁済を受けられなくなってしまう。しかし，法定地上権価格は，都市部においては，土地価格の大部分を占めていることから，このような事態が生ずると，抵当権者は，当初，把握していた土地の担保価値の大部分を失ってしまうことになる。そのため，抵当権の実行が間近に迫ると，土地とともに共同抵当の目的となっていた地上建物を取り壊し，簡易建物を建築するという形態の執行妨害が見受けられるようになった。

そこで，最判平成9年2月14日民集51巻2号375頁は，土地と建物に共同抵当権を設定した抵当権者の意図は，法定地上権の負担が付かない土地全体の価値を把握することにあるとして，土地とともに共同抵当が設定されていた建物が滅失した後に，建物が再築された場合に，再築建物のために法定地上権の成立を認めると，「抵当権者は，当初は土地全体の価値を把握していたのに，その担保価値が法定地上権の価額相当の価値だけ減少した土地の価値に限定されることになって，不測の損害を被る結果になり，抵当権設定当事者の合理的な意思に反する」として，原則として，法定地上権の成立を否定した。ここで，例外となるのは，新建物の所有者が土地の所有者と同一であり，かつ，新建物が建築された時点での土地の抵当権と同順位の共同抵当権の設定を受けていたときなど，法定地上権の成立を認めても，結局のところ，抵当権者が土地の更地としての価値を確保できる場合である。

この最判平成9年2月14日は，執行妨害対策という観点からは，妥当かもしれない。しかし，土地と建物は別個の不動産とするわが国の法制下で形成された法定地上権の判例の流れの中でみたときには，理論的には，かなり苦しいと思われる。特に，抵当権者の予測を前面に出して，法定地上権の成立を認める論法は，法定地上権は，不動産の客観的状況によって成否が定まるとの従来の判例の基本線と整合しているのか否かが気にかかるところである。

(イ)　抵当権設定当時，土地と建物が同一の所有者に属していること

法定地上権は，抵当権設定に先立って，地上建物のために敷地の約定利用権を設定することが，法律上，不可能な場合に成立することから要求される要件である。

❶　抵当権設定後に土地と建物が別異の所有者に属することになった場合（〔図1-9-1〕）

図1-9-1

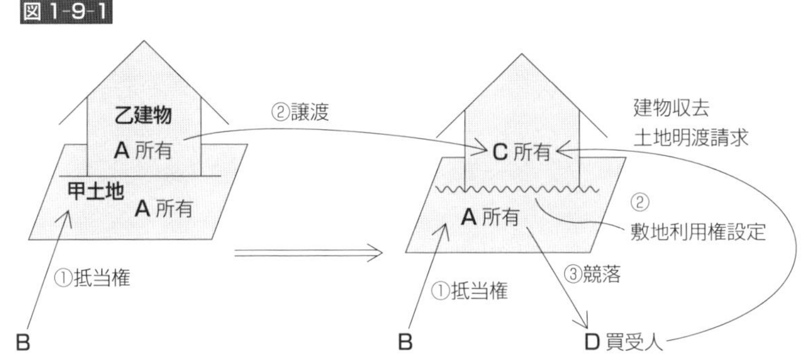

Aは，Bのために，その所有にかかる甲土地に抵当権を設定した。抵当権設定時においては，Aは，甲土地上に乙建物を所有していたが，その後，乙建物は，Cに譲渡された。甲土地上の抵当権の実行により，Dが，甲土地の買受人となった。このとき，乙建物のために法定地上権は成立するか？

土地と建物が別々の所有者に属することになった時点で，建物については，その敷地について約定利用権が設定されるので，建物の存続は，その約定利用権ではかればよく，法定地上権を認める必要はないようにも考えられる。しか

し，〔図1-9-1〕のような土地抵当型の場合には，当該約定利用権は抵当権に劣後するので，抵当権が実行されると消滅してしまう。また，建物抵当型の場合には，通常，設定される約定利用権は譲渡性を有しない賃借権や使用貸借権（593条以下）であるのに対して，法定地上権は譲渡性がある。したがって，この場合も，法定地上権を認めてよい。

❷　抵当権設定当時は別異の者に属していたが，その後，同じ所有者に属するに至った場合　　法定地上権は，抵当権設定時において，法律上，地上建物のために敷地の約定利用権の設定が不可能な場合に認められる権利である。したがって，抵当権設定当時，土地と建物が別の人に属していた場合には，法律上，地上建物のために敷地の約定利用権を設定することは可能なので，建物の存続は，約定利用権ではかればよく，法定地上権を認める必要はない。

(a)　建物抵当型〔図1-9-2①〕　　Bは，A所有の甲土地上に，乙建物を所有していた。Bは，乙建物に，Cのために抵当権を設定していたが，その後，乙建物は，敷地所有者であるAの所有となった。乙建物上の抵当権の実行により，Dが，乙建物の買受人となった。このとき，乙建物のために法定地上権は成立するか？

図1-9-2-①

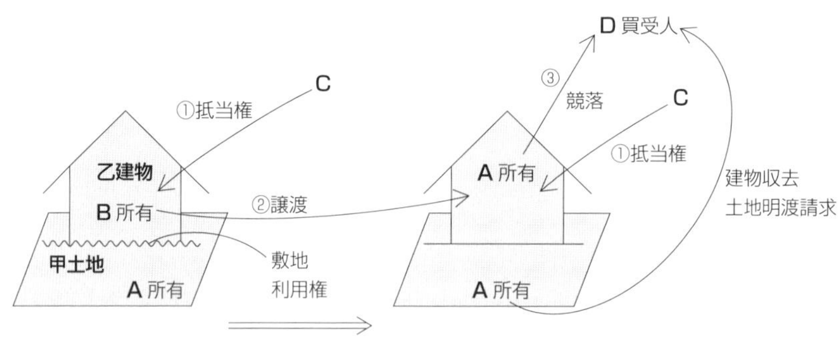

抵当権設定当時，土地はA，建物はBと別々の人の所有である。Bは，他人であるAの土地上に建物を所有している以上，Aから乙建物のために敷地について約定利用権を設定してもらっている。この約定利用権は抵当権の従たる権利であり，抵当権の効力が及んでいる。したがって，土地と建物が同一人

の所有に帰しても，この約定利用権は，混同法理の例外（179条1項但書）によって消滅せずに存続し，法定地上権は成立しないと解すべきである（最判昭和44年2月14日民集23巻2号357頁も同旨）。

また，たとえば，当初，設定された約定利用権が賃借権だった場合，土地・建物が別々の所有者のままの状態で抵当権が実行された場合には，賃借権には譲渡性がないので，土地所有者は，賃借権譲渡の承諾を与えるに際して，何らかの経済的対価を得ることができる（第3節**2**(2)参照）。しかし，後に，土地と建物が同一人の所有に帰した場合には，法定地上権が成立すると解すると，土地所有者は，突如として，何らの対価も得ずに，譲渡性のある地上権の負担を受けることになり，妥当ではない。

(b)　土地抵当型〔図1-9-2②〕　　A所有の甲土地上には，Bが乙建物を所有していた。Bは，甲土地に，Cのために抵当権を設定していたが，その後，甲土地は，Bの所有となった。甲土地上の抵当権の実行により，Dが，甲土地の買受人となった。このとき，乙建物のために法定地上権は成立するか？

図1-9-2-②

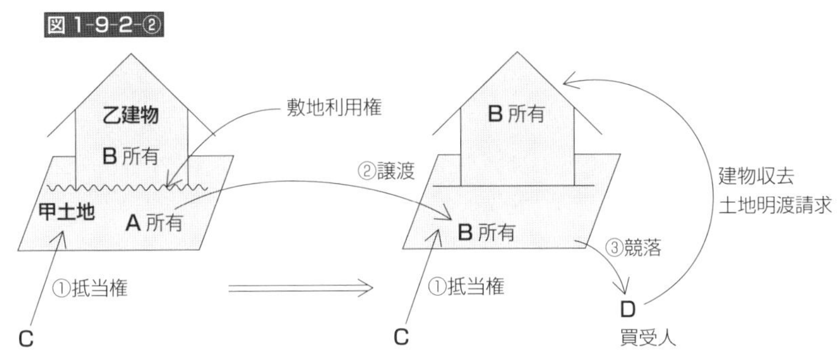

(a)と同様に，抵当権設定当時，土地と建物は別々の人が所有しているので，乙建物には，甲土地利用のための約定利用権が付いており，逆に，甲土地は，この約定利用権の負担を受けている。したがって，後に土地と建物が同一人の所有に帰しても，土地に対する約定利用権の負担は混同の例外として消滅することはない（179条1項但書）。したがって，甲土地の買受人Dは，この約定利用権の負担を引き受けることになる。乙建物の存続は，法定地上権ではなく，

この約定利用権によってはかるべきであり，法定地上権を認める必要はない(最判昭和46年10月14日民集25巻7号933頁)。

なお，この約定利用権が賃借権であれば，賃借権は第三者対抗力が認められるので(605条)，法定地上権を認めなくても，建物の存続をはかることができる。しかし，この約定利用権が使用貸借権である場合には，使用貸借には対抗力がないので，Dは，乙建物の所有者であるBに対して，建物収去・土地明渡請求が可能となる。

Column⑭ 1番抵当権設定時別人・2番抵当権設定時同一人の場合

〔図1-9-2②〕で，土地と建物が，ともに，B所有となったときに，甲土地に，Eのために2番抵当権が設定された場合〔図1-9-3〕も，法定地上権は成立しない。というのは，たとえ，2番抵当権者の申立てにかかるものであっても，抵当権が実行されると，当該不動産上の抵当権は，すべて消滅するので，1番抵当権者は，この手続内で弁済を受ける(第*2*節**3**(1)参照)。したがって，1番抵当権設定時を基準として，法定地上権の成否を決するべきだからである。

〔図1-9-3〕のような土地抵当型の場合に，もし，法定地上権が成立すると解すると，1番抵当権者は，予期していた土地の担保価値を把握できなくなってしまう。そこで，最判平成2年1月22日民集44巻1号314頁は，法定地上権の成立を否定している。これに対して，最判昭和53年9月29日民集32巻6号1210頁は，建物抵当型の場合について，法定地上権の成立を認めても抵当権者の利益を害しないことを理由として，法定地上権の成立を認める。しかし，❷で述べたように，約定利用権は混同によって消滅しないので，建物の存続は1番抵当権設定時に存在していた約定利用権によってはかるのが論理一貫している。

ところで，〔図1-9-3〕において，抵当権が実行された時点において，Cの1番抵当権が消滅していた場合には，法定地上権は成立するだろうか。最判平成19年7月6日民集61巻5号1940頁は，「(1番抵当権) が存続したままの状態で目的土地が競売されたとすれば，法定地上権は成立しない結果となる……ものと予測していた」2番抵当権者Eについては，1番抵当権が被担保債権の弁済，設定契約の解除等により消滅することもあることは抵当権の性質上当然のことであるから，Eとしては，「そのことを予測した上，そ

図 1-9-3

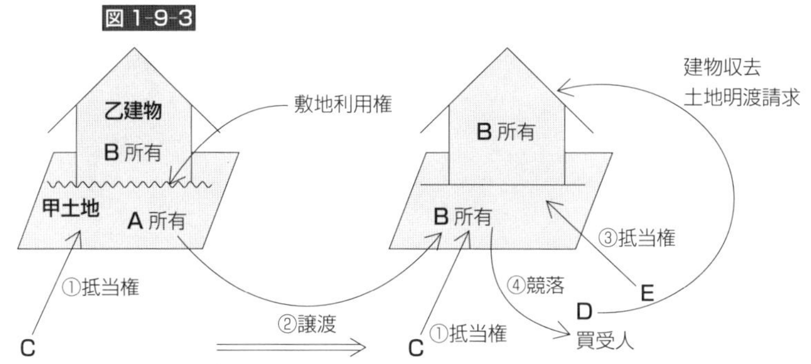

の場合における順位上昇の利益と法定地上権成立の不利益とを考慮して担保余力を把握すべきもので」あり，法定地上権の成立を認めても，E に不測の損害を与えるものとはいえないと判示した。

同事件において，もし，抵当権実行時の 1 番抵当権者である E が，抵当権設定時において，担保価値をどのように把握していたかを基準にして法定地上権の成否を決すると解すると，法定地上権の成立は否定されることになる。というのは，E 登場時に存在していた 1 番抵当権者 C は，土地と建物が別々の所有者に属しているときに抵当権を設定していたからである。しかし，抵当権実行時における 1 番抵当権者による担保価値把握を基準に法定地上権の成否を決すると，執行裁判所や買受人は，実行時における 1 番抵当権者が登場した時点まで遡って法定地上権の成否の判断をしなければならなくなる。他方で，法定地上権の成立を認めると，E の当初の担保価値把握を裏切ることになる。結局は，割り切りの問題ということになり，最高裁は，抵当権の消滅は決して例外的な事象ではなく，十分予想できることなので，法定地上権の成立を認めても，E に不測の損害を与えるものではないと判示した。妥当である。

Column⑮　共有と法定地上権

土地が A と B の共有で，その地上に A 単独所有の建物があるとき，逆に，土地が A の単独所有で，その地上の建物が A と B の共有であるときには，部分的に，土地と建物が同一の所有者に属するとの要件が満たされている。そこで，この場合に，共通する A によって，土地または地上建物，あるいは，それらの持分に抵当権が設定され，その後，抵当権が実行されて，所有者を異にするに至ったときに，建物のために法定地上権が成立するかが問題となる。

この問題について，判例は，土地共有型と建物共有型で取扱いを分ける。

(a)　土地共有型〔図 1-9-4 ①〕

図 1-9-4-①

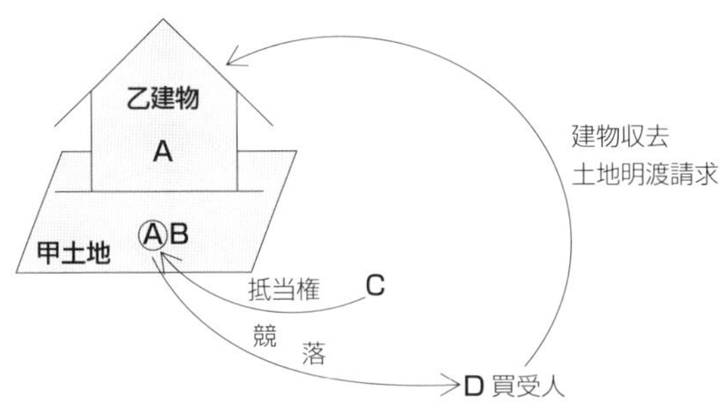

AB の共有にかかる甲土地の上に，A が乙建物を所有している。A は，C のために，甲土地の自分の持分に抵当権を設定した。抵当権が実行され，D が A の持分の買受人となった時，乙建物について法定地上権は成立するか。

判例は，以下のように考えている。すなわち，共有地全体に対する地上権は共有者全員の負担となることから，共有地全体に地上権を設定するには共有者全員の同意を必要とする。したがって，共有者のうちの一部の者だけが，共有地について地上権設定行為をしたとしても，これに同意しなかった共有者の持分が，その処分に服すべきいわれはないので，共有地について何ら地上権は発生しない。そして，この理は，法定地上権の場合にも同じであって，「(388 条により) 地上権を設定したものと看做すべき事由が単に土地共有者の 1 人だけについて発生したとしても，これがため他の共有者の意思如何に拘わらずそのものの持分までが無視さるべきいわれはないのであって，当該共有土地については地上権を設定したと看做すべきでない」と（最判昭和 29 年 12 月 23 日民集 8 巻 12 号 2235 頁)。そこで，他の共有者が，第三者に法定地上権による土地の使用収益を容認していたような事情が存在する場合には，法定地上権は成立するとした（最判昭和 44 年 11 月 4 日民集 23 巻 11 号 1968 頁)。

(b)　建物共有型〔図 1-9-4 ②〕

図 1-9-4-②

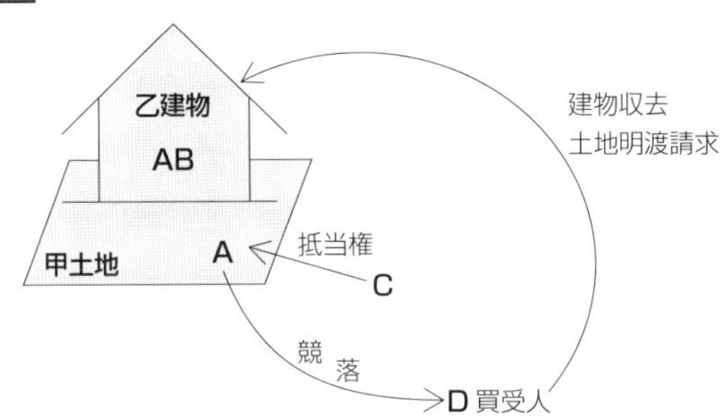

A の単独所有である甲土地の上に，AB の共有にかかる乙建物が建っている。A は，甲土地に C のための抵当権を設定したところ，抵当権の実行により D が買受人となった。乙建物のために法定地上権は成立するか。

判例は，A は，建物の共有者である B のためにも土地利用を認めているという理由で法定地上権の成立を認めている（最判昭和 46 年 12 月 21 日民集 25 巻 9 号 1610 頁）。

では，この問題はどのように考えるべきであろうか。学説は分かれるが，以下のように解するのが適当であろう。

そもそも，所有権の観念的割合を示すにすぎない持分権については，譲渡や抵当権の設定という観念的処分は可能である。しかし，具体的占有を意味する地上権や賃借権については，土地の持分について，あるいは，建物の持分のために，それらを設定することは不可能である。これが出発点である。そこで，土地あるいは建物の一方あるいは両方が共有である場合には，土地の利用権は，土地共有者全員（あるいは土地所有者）と建物共有者全員（あるいは建物所有者）の間で約定利用権が設定されているとみることになる。すなわち，この場合，土地所有者（あるいは土地共有者）と建物所有者（あるいは建物共有者）の間に共通する者が存在しても，約定利用権は，土地所有者団と建物所有者団という別人の間で締結されているとみるわけである。つまり，別人の間では，約定利用権の設定が可能なので，そもそも，法定地上権は成立しないと考えるのである。

実際，たとえば，〔図 1-9-4 ①〕のように，土地が AB の共有，建物が A

の所有の場合には，甲土地上に乙建物を所有するためには，ABの間で，敷地利用権に関する合意がなされているはずである。そこで，この合意を土地の共有者団〔AB〕と建物所有者〔A〕の間で約定利用権が締結されていると考えるわけである。すると，抵当権実行後の建物の存続は，土地抵当型にあっては約定利用権の対抗問題となり，建物抵当型にあっては，約定利用権の譲渡性の問題となる。

(ウ) 土地または建物に抵当権が設定されたこと

2004（平成16）年の民法現代語化以前の388条は，「其土地又ハ建物ノミヲ抵当ト為シタルトキ」となっていた。しかし，土地，建物双方が抵当権の目的となっていても，一方だけについて抵当権の実行をすることは可能であり，また，両方について抵当権の実行が行われても買受人が異なることもある。そこで，いずれにせよ，抵当権が実行され，土地と建物が別々の所有者に属することになった場合には，法定地上権の成立要件を満たすと考えられていた。

そこで，その意を表すために，現代語化にあたり，「土地又は建物につき抵当権が設定され」という文言に改められた。ここでの「又は」は，土地，建物のどちらかに抵当権が設定されていれば法定地上権の成立要件を満たすという意味であり，両方について抵当権が設定されていても，この要件を満たす。

(3) 内 容

法定地上権は，法律の規定によって成立するという点に特徴があるにとどまり，その内容は設定契約によって発生する地上権（265条以下）と同じである。地代は，当事者間で合意ができない場合には，当事者の請求により裁判所が定める（388条後段）。また，建物所有を目的としているので，借地借家法の適用がある。

(4) 一括競売権

繰返しになるが，わが国においては，土地と建物は別個の不動産とされ，かつ，土地に設定した抵当権の効力は建物には及ばない。そこで，土地に抵当権が設定された後に築造された建物の所有者は，抵当権に対抗できる土地の占有権原を有しないときは，抵当権が実行されると，買受人から建物収去土地明渡請求を受けることになる。389条は，抵当権者に，このような建物を土地とともに競売する権利を与えており，これを一括競売権という。一括競売権は，その言葉が表すように，抵当権者の権利であり，義務ではない。ただし，建物には抵当権の効力は及んでいないので，抵当権者の優先弁済権は土地についてのみである。

さて，一括競売が行われても，建物所有者の不利益にはならない。というのは，建物所有者は，いずれにせよ，買受人から建物収去土地明渡請求を受ける運命にあり，その場合には，自分の手元には一銭も入らない。これに対して，一括競売がなされれば，逆に，建物の代価を手にできるからである。他方，一括競売制度がないと，抵当権者は不利益を被る。というのは，繰返しになるが，確かに，買受人は，建物所有者に対して，建物収去土地明渡請求権を有する。しかし，権利があっても，それを実現するには，時間もコストもかかる。そこで，そのような建物が建っている土地は，買受人が現れにくく，売却価額が低下することになる。これに対して，一括競売制度があれば，買受人は建物の所有権も取得することができるので，建物の収去をスムーズに行うことができる。というのは，自分の物である以上，壊すのに遠慮はいらないからである。

以上，述べたところから，建物の築造が抵当権の執行妨害の一方法となることは，容易に想像できよう。そこで，建物築造による執行妨害対策として，2003（平成15）年の担保・執行法の改正により，389条は改正された。すなわち，改正前は，一括競売の対象になる建物は，抵当権設定者自身が築造したものに限定していたが，改正後は，抵当権設定後に建てられた建物であって，抵当権者に対抗できる占有権限がない場合には，誰が建てたものかを問わず，一括競売の対象にできるとした。

第5節　第三取得者との関係

抵当権付不動産が第三者（「第三取得者」という）に譲渡された場合，登記のある抵当権は第三取得者に優先するので，第三取得者は，抵当権の付着した不動産を取得する。そこで，抵当権が実行されると，第三取得者は，不動産の所有権を失うことになる。このように，第三取得者は不安定な地位に置かれている。そこで，第三取得者を不安定な地位から免れさせるために，民法は，第三取得者に対して，第三者弁済（474条）のほかに，抵当権固有の制度として，代価弁済（378条）および抵当権消滅請求（379条以下）を用意している。

1　第三者弁済

第三取得者は，利害関係を有する第三者として，債務者の意思に反しても，被担保債権を弁済して（474条），抵当権の負担のない不動産を取得することができる。この場合，第三取得者は，第三者弁済により発生する売主に対する求償権（改正570条，改正前567条2項）と売買代金債務とを相殺することになる。この方法は，被担保債権額が抵当不動産の価額（抵当権が存在しないときの当該不動産の価額）より小さい場合には有用であるが，逆に，被担保債権額が抵当不動産の価額より大きい場合には，たとえば，1000万円の不動産を2000万円で買うのと等しいので，実際問題として，使えない。

2　代価弁済

抵当不動産の価額（抵当権が存在しないときの当該不動産の価額）が抵当権の被担保債権額に満たない場合に，第三取得者が抵当権を消滅させる制度としては，代価弁済制度がある。これは，不動産の代価（売買代金）を，売主に対してではなく，抵当権者に支払うことによって，抵当権を消滅させる制度である。

代価弁済を行うには，**3**で説明する抵当権消滅請求とは異なり，抵当権者の請求に応じて，第三取得者が代価を弁済することが必要である。というのは，まず，抵当権者の側からすると，自らが関与しないところで定められた代価額の弁済によって，強制的に抵当権を消滅させられるのでは困る。また，第三取得者の側からしても，抵当権が複数存在するときには，存在するすべての抵当権が消滅しないと，自己の地位は安定しない。たとえば，1番抵当権者に代価を取得されても，2番抵当権が1番抵当権に上昇するだけであり，また，逆に，2番抵当権者に代価を取得されても，1番抵当権は消滅しないからである。したがって，第三取得者は，抵当権者による代価弁済の請求に応じる義務はない。このように売買代金を抵当権者に取得させる制度である代価弁済が抵当権者，第三取得者の合意ベースで組み立てられているということが，**第3節3**(2)(ア)でも述べたように，売却代金への物上代位を認めることが妥当でないことを示している。

なお，代価弁済は，第三取得者に加えて，地上権者も用いることができる。地上権の場合には，たとえば，30年なら30年分の地代を最初に一括して代金として支払い，後は定期の地代を支払わないという場合がある。これに対して，永小作権の場合には，270条にあるように，必ず，定期に小作料を支払うので，地上権とは異なり，売買はないために，代価弁済から除かれている。地上権者が代価弁済をした場合には，抵当不動産の所有者に対する関係では抵当権は消滅しない。したがって，抵当権が実行されると，本来，抵当権に対抗できなかった地上権は抵当権に対抗できることになる。

3　抵当権消滅請求

代価弁済が抵当権者と第三取得者の合意ベースで構成されている理由は，第三取得者にとっては，代価を取得する抵当権者の抵当権しか消滅しないために，複数の担保権が設定されている場合には，それによって自己の地位の安定が得られないからである。また，抵当権者にとっては，自分抜きで第三取得者と抵当不動産の所有者との間で決められた代価では目的不動産の価値を正当に反映しているとは限らないからである。したがって，抵当不動産上に存在している抵当権をすべて消滅させ，かつ，抵当権者に支払われる金額が不動産の価値を正当に反映させるシステムによって定められたものであれば，抵当権を強制的に消滅することを認めてもよいということになる。これが379条以下が規定する抵当権消滅請求であり，代価弁済と同様に，抵当不動産の価額（抵当権が存在しないときの当該不動産の価額）が被担保債権額より小さい場合に機能するものである。抵当権消滅請求は，2003（平成15）年の担保・執行法改正前の滌除（てきじょ）を手直ししたものである。

抵当権消滅請求の手続は，ざっと，以下のとおりである。

たとえば，A所有の甲不動産には，B，C，Dという抵当権が設定されており，3つの抵当権の被担保債権額の合計は3億円であるとしよう。甲不動産の第三取得者であるEは，登記した抵当権者であるB，C，Dに，「1億5000万円支払うから抵当権を消滅してくれ！」と申し出ることから抵当権消滅請求の手続はスタートする（383条）。代価弁済とは異なり，地上権者は抵当権消滅請求を行うことはできない（379条）。また，主たる債務者，保証人およびその承継人は，抵当不動産を買い受けて第三取得者となっても，抵当権消滅請求はできない（380条）。というのは，主たる債務者や保証人は，被担保債権全額について支払義務を負っているので，抵当権消滅請求により，被担保債権額より小さい額の支払いによって抵当権の消滅を認めるべきでないからである。

抵当権消滅請求を受けたB，C，DはEの申出に応じる義務はない。しかし，B，C，Dすべてが，「競売しても，1億円で売れるかどうかすらわからないから，まあ，いいか」と考え，Eの申出を承諾し，Eが，それぞれの債権の順位に従って，1億5000万円を弁済または供託すれば，抵当権は消滅する（386条）。これに対して，B，C，Dのうち1人でもこの金額に納得できない場合には，競売を申し立てることができる。ただし，滌除とは異なり，買受申出人が出現しなくても，競売を申し立てた者には買受義務はなく，また，買受人が出現しないために競売手続が取り消されても承諾擬制の効果は発生しない（384条4号かっこ書）。したがって，その場合，甲不動産の所有権はEのままであって，B，C，Dの抵当権は存在したままである。

Column⑯　抵当権消滅請求と滌除

前述したように，抵当権消滅請求は，2003（平成15）年の担保・執行法改正において，滌除を手直ししたものである。

滌除は，フランス法由来の制度であり，フランスにおいて抵当権の公示が不十分であった時代に，公示されていない抵当権者が突然出現して抵当不動産の第三取得者が不測の損害を被るのを避けるために工夫されたものである。これに対して，整備された公示制度を有する現代においては，第三取得者は，抵当権の存在を覚悟して不動産の所有者となったはずであり，抵当権者が突然出現するということは起こりえない。すると，そもそも論として，なぜ，そのような者のために，抵当権消滅請求を認めなければならないのか，さらに，なぜ，抵当権の不可分性に反してまで，被担保債権額に満たない金額によって抵当権が消滅することを認めなければならないのか，あるいは，なぜ，抵当権者は第三取得者によって換価時期選択権を奪われなければならないのかという疑問がわく。

しかし，2003（平成15）年の担保・執行法改正においては，抵当不動産が競売されずに塩漬けになっているという状況を前にして，抵当権を消滅させて，抵当不動産の流通を促進する機能が期待されるということで，滌除は，全廃には至らず，従来，抵当権者にとって不都合であると指摘されていた部分の手直しにとどまった。手直しの中で，最も大きなものは，増価競売の廃止である。

すなわち，滌除にあっては，第三取得者の申し出た金額に抵当権者が不服である場合には，抵当権者は，1か月以内に増価競売の請求をしなければならないとされていた。増価競売とは，もし，競売において滌除金額の1割増以上の価額で土地を買い受ける者が登場しなかった場合には，競売申立権者自らが1割増しの額で買い受けるという条件付きでなされる競売である。増価競売は抵当権者への負担が重く，そのため，抵当権者は不十分な申出額であっても，滌除に応じざるをえなかったといわれていた。そこで，抵当権消滅請求にあっては，競売において買受けの申出がなくても，競売を申し立てた抵当権者には買受義務はなく，抵当権は消滅しないことになった（384条4号かっこ書）。

しかし，従来の滌除は，最終的な所有者は，滌除を申し出た第三取得者だったり，増価競売を申し出た抵当権者であったり，あるいは，競売での買受人であったりとさまざまではあるが，最終的には抵当権の消滅をもたらす制度として理解することができた。これに対して，抵当権消滅請求は，滌除とは異なり，必ず抵当権の消滅がもたらされる制度ではなくなった。すると，不動産上の全抵当権が消滅してこそ，不動産の流通が促進されるものである以上，無理をして抵当権消滅請求を残した意味がどこにあるのかは不明といわざるをえない。さらに，増価競売制度が廃止された結果，競売の結果によっては，第三取得者の申し出た金額よりも安い価格で買い受けられるという事態も生ずるので，競売が，第三取得者の申出額の正当性を争うための制度としても位置付けられなくなった。

第6節　抵当権の処分

抵当権の処分には，被担保債権に付従するものとしての抵当権の処分と，抵当権自体の独立の処分とがある。前者にあっては，抵当権は被担保債権に随伴するので，債権が譲渡あるいは質入れされれば，これに従って，抵当権も譲渡され，あるいは，質権に服する。被担保債権と切り離した抵当権自体の処分には，転抵当と抵当権の譲渡・放棄，抵当権の順位の譲渡・放棄がある。

1　転　抵　当

(1)　設　　定

ビルのオーナーであるAに対して入居保証金返還請求権を有するBは，入居保証金返還請求権を被担保債権として，A所有の甲建物に抵当権を設定した。その後，Bは，お金が入用になったために，C銀行に融資を依頼したところ，Cに「無担保では貸さないよ！」といわれた。転抵当とは，376条1項にある「（抵当権者が）その抵当権を他の債権の担保」とする制度である。すなわち，Bは，Aの承諾なしに，自己の有するこの抵当権を，Cに対する債務の担保に利用することができる（〔図1-10〕）。転抵当とは，Bが，抵当権という優先弁済を受ける権利をさらに担保に供し，融資を得ることを可能にする制度である。これによって，抵当権者は，投下した固定資本を流動化することができる。

図1-10

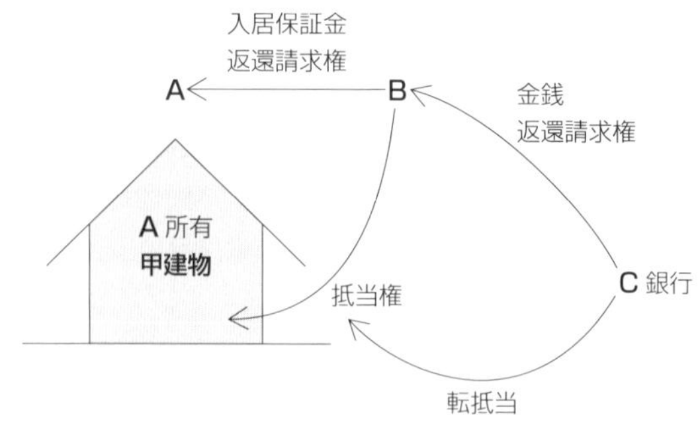

転抵当の法律構成については，学説が分かれているが，転質と同じく，抵当権自体を被担保債権と切り離して他の債権の担保とする制度であると考えるべきである（第2章第*2*節**2**(4)参照）。

転抵当も物権変動であるから，その設定を第三者に対抗するためには，抵当権の設定と同様に，登記——転抵当権の付記登記——が必要である。原抵当権に複数設定された転抵当権どうしの優劣は，付記登記の順序によって定まる。しかし，転抵当においては，BがAの承諾なしにAの所有物に対してCに権利を取得させるので，AC両者の利益保護が問題となる。

まず，Aについては，自らが設定した抵当権（原抵当権）以上の負担を負わせるべきではない。この点をとらえて，かつての通説は，転抵当権の被担保債権額は原抵当権の被担保債権額を超過してはならず，また，転抵当権の被担保債権の弁済期が，原抵当権の被担保債権の弁済期より先に到来することが転抵当権の有効要件であるとしていた。しかし，転抵当権の被担保債権額の方が大きくても，Cは目的物から原抵当権の被担保債権額の限度でしか弁済を受けることはできず，また，転抵当権の弁済期の方が後に到来しても，原抵当権の弁済期が到来すれば，Aは，原抵当権の被担保債権額を供託して抵当不動産上の抵当権を消滅させることができる。したがって，先の2つの要件は転抵当権の有効要件としては不要である。

次に，Cに保障されるべき利益は，Cの転抵当権が確保される点である。転抵当は，原抵当権を他の債権の担保とする権利である以上，原抵当権が消滅すれば，転抵当権も消滅してしまう。そこで，Cが転抵当権の被担保債権の弁済を受けていないのに，AあるいはBの行為によって，原抵当権の消滅という事態を招かないことが必要である。転抵当権設定者であるBが，原抵当権を消滅させない義務をCに対して負うことは，明らかである。これに対して，Aについては，377条によれば，467条の規定に従って，原抵当権者であるBから債務者であるAに対して転抵当権の設定を通知するか，あるいは，Aが転抵当権の設定を承諾すると，AがCの承諾を得ないでBに弁済しても，Aは，自己のBに対する債務，したがって，原抵当権の消滅をCには対抗できない。

しかし，Aは，自己の債務の弁済期が到来したら，当該債務を弁済して（原）抵当権を消滅させるという利益を有している。したがって，前述したように，原抵当権の弁済期が転抵当権の弁済期よりも先に到来する場合には，Aは，原抵当権の被担保債権をBに弁済することにかえて，供託することが認められる。これにより，原抵当権は消滅し，転抵当権の効力は供託金還付請求権上に存続することになる。

(2)　実　　行

転抵当権の目的は被担保債権に付従している原抵当権である。そこで，原抵当権を被担保債権と切り離して譲渡することはできない以上，転抵当権者は，転抵当権の実行として，原抵当権を実行できると解さざるをえない。そこで，転抵当権の実行に際しては，転抵当権の被担保債権だけではなく，原抵当権の被担保債権の弁済期も到来していることが必要である。

図1-11

〔図1-11〕にあるように，原抵当権の弁済期が転抵当権の弁済期よりも後に到来する場合には，Cは，原抵当権の弁済期が到来しない以上，転抵当権を実行することはできない。なお，転抵当権は，原抵当権の被担保債権を目的とするものではないから，転抵当権者には，原抵当権の被担保債権の直接取立権はない。

Column⑰　原抵当権者による抵当権の実行

原抵当権者であるBは，Cが転抵当権を実行しない，あるいは，実行できない場合（転抵当権の被担保債権の弁済期が未到来で）に，自ら，抵当権を実行できるだろうか。判例は，Bは，原抵当権の被担保債権額が転抵当権の被担保債権額を上回る場合に限り，みずから競売できるとする（大決昭和7年8月29日民集11巻1729頁）。

学説は，①原抵当権者による抵当権の実行を否定する消極説，②判例の見解に賛成する折衷説，③原抵当権者による抵当権の実行を肯定する積極説に分かれる。この問題は，結局のところ，原抵当権の実行により転抵当権者は不利益を被るか否かが決め手となる。

③の積極説は以下のように説く。すなわち，原抵当権が実行された場合であっても，売却代金は，まず，転抵当権の被担保債権の満足に優先的に充てられる。さらに，転抵当権の被担保債権額が原抵当権の被担保債権額より大きくて原抵当権者に対する配当がない場合には，無剰余措置（民執188条による63条の準用）がとられ，原抵当権者による抵当権の実行手続は取り消される。したがって，原抵当権の実行により転抵当権者は不利益を被らないと。③は，原抵当権者による実行を後順位抵当権者による実行と同じに考えているといえよう。すなわち，民事執行法上，後順位抵当権者による実行にあっては，先順位抵当権者は，抵当権から優先弁済が得られる金額――抵当権実行時における被担保債権額――についての決定権はないという制度設計がなされている。しかし，原抵当権者と転抵当権者の関係は，後順位抵当権者と先順位抵当権者の関係とは異なり，原抵当権者は，自らが設定した原抵当権の優先弁済効を転抵当権者に用いさせるという拘束を受けている。したがって，転抵当権者が原抵当権からいくら優先弁済を受けるか――抵当権実行時における被担保債権額――の決定は，転抵当権者に委ねられるべきものである。したがって，その決定権を転抵当権者から奪うことになる②③はとることができない。原抵当権者は，転抵当権の実行においてのみ，自己の優先弁済権を主張することができるにとどまると解すべきである。

2　抵当権の譲渡・放棄，抵当権の順位の譲渡・放棄

376条1項によれば，抵当権者は，同一債務者に対する他の債権者の利益のため，その抵当権またはその順位の譲渡・放棄ができる。抵当権の譲渡，抵当権の放棄，抵当権の順位の譲渡，抵当権の順位の放棄という4つの処分形態があり，抵当権者（＝処分者）と他の債権者（＝受益者）との合意によって行われる。これらは，すでに抵当権を有し優先的地位にある債権者が，債務者の資金調達を助けるため，抵当権が実行されたら，自分が受けるはずの優先弁済受領

の利益を新しい融資者に与える制度である。

このうち，抵当権の順位の譲渡・放棄は，抵当権者と他の抵当権者の間でなされるのに対して，抵当権の譲渡・放棄は，抵当権者と当該抵当不動産に抵当権を有しない債権者の間でなされる。また，「譲渡」とは，処分者の有する優先弁済権を受益者に取得させることであり，「放棄」とは，処分者が，その優先弁済権を受益者に主張しないことである。これら4つの処分形態に共通する点は，抵当権の順位の譲渡において説明することにする。

(1)　抵当権の順位の譲渡・放棄

❶　抵当権の順位の譲渡

表1-1

甲不動産の売却代金　1億5000万円

		被担保債権額	順位の譲渡なし	順位の譲渡後
Ⅰ	A	4000万円	配当　4000万円	1000万円
Ⅱ	B	2000万円	2000万円	2000万円
Ⅲ	C	7000万円	7000万円	7000万円
Ⅳ	D	5000万円	2000万円	5000万円

今，甲不動産に，A，B，C，Dが，1番，2番，3番，4番の抵当権を有しており，それぞれの被担保債権額が，4000万円，2000万円，7000万円，5000万円だとする。Aが1番抵当権の順位を4番抵当権のDに譲渡したとする。甲不動産が1億5000万円で競売されたとする（〔表1-1〕）。

抵当権の順位の譲渡があると，順位の譲渡がなければAが配当を受ける4000万円とDが配当を受ける2000万円が，まず，Dに配当され，残りは，Aに配当されることになる。BとCは順位の譲渡によって影響を受けることはない。したがって，順位の譲渡には，B・Cの承諾は不要である。

抵当権の順位の譲渡も物権変動であるから，その設定を第三者に対抗するためには，転抵当と同様に，登記――抵当権の順位の譲渡の付記登記――が必要である。たとえば，AがCとDに抵当権の順位の譲渡をした場合には，C・D間の優劣は登記の先後によって定まる（376条2項）。

抵当権の順位の譲渡にあっても，転抵当と同様に，Aが，被担保債権の債務者Sに順位の譲渡をしたことを通知するか，あるいは，Sが順位の譲渡があったことを承諾した場合には，抵当権の順位の譲渡の利益を受ける者，すなわち，譲受人Dの承諾を得ないで行われたAへの弁済は，Dに対抗することができない（377条）。このことは，抵当権の順位の譲渡があっても，Aは，抵当権が実行された場合には，4000万円の配当を第1順位者として受け，その受けたものをDが取得するということを意味している。このように，抵当権の順位の譲渡というのは，譲渡人Aが抵当権の実行時まで被担保債権をもっていて，それについて配当されるものをDがAに優先して取得することができる制度である。

すなわち，抵当権の順位の譲渡があっても，Dの4番抵当権が1番抵当権になるのではない。比喩的にいえば，Aが座っていた1番の椅子にAに代わってDが座るわけではない。1番の椅子に座っているのはAであり，DはAに配当されるはずのものを，Aの側に立っていて，Aに優先して取得するだけである。

❷　抵当権の順位の放棄　〔表1-1〕において，Aが，Dのために，1番抵当権の順位の放棄をしたとする。このとき，Aは，Dに優先しないことになるので，〔表1-2〕のようになる。

表1-2

甲不動産の売却代金　1億5000万円

		被担保債権額	順位の放棄なし	順位の放棄後
Ⅰ	A	4000万円	配当　4000万円	6000万円×9分の4
Ⅱ	B	2000万円	2000万円	2000万円
Ⅲ	C	7000万円	7000万円	7000万円
Ⅳ	D	5000万円	2000万円	6000万円×9分の5

AとDは，AとDに配当される合計額6000万円を，被担保債権額の割合に応じて按分する。

(2) 抵当権の譲渡・放棄

抵当権者から当該抵当不動産に抵当権を有しない債権者に対して行われる。

❶ 抵当権の譲渡　今，甲不動産に，A，B，Cが，1番，2番，3番の抵当権を有しており，Eは一般債権者である。A，B，Cの被担保債権額は，4000万円，2000万円，7000万円で，Eの債権額は5000万円だとする。Aが1番抵当権をEに譲渡したとする。甲不動産が1億5000万円で競売されたとする。このとき，Aは，自らの優先弁済権をEに取得させることになるので，〔表1-3〕のようになる。

表1-3

甲不動産の売却代金　1億5000万円

		被担保債権額	抵当権の譲渡なし	抵当権の譲渡後
Ⅰ	A	4000万円	配当　4000万円	2000万円×5分の4
Ⅱ	B	2000万円	2000万円	2000万円
Ⅲ	C	7000万円	7000万円	7000万円
	E	5000万円	2000万円	4000万円 +2000万円×5分の1

EはAに配当される4000万円をまず取得する。Eの残額1000万円とAの債権4000万円は無担保債権となり，売却代金の残額である2000万円から，それぞれ配当（債権額に応じて按分比例となる）を受ける。

❷ 抵当権の放棄　〔表1-4〕において，Aが，Eのために，1番抵当権を放棄したとする。

表1-4

甲不動産の売却代金　1億5000万円

		被担保債権額	抵当権の放棄なし	抵当権の放棄後
Ⅰ	A	4000万円	配当　4000万円	
Ⅱ	B	2000万円	2000万円	2000万円
Ⅲ	C	7000万円	7000万円	7000万円
	E	5000万円	2000万円	

AはEに対して優先権を取得できないので，Aへの配当額4000万円をA

とEとで債権額に応じて按分比例する。A，Eのそれぞれの残額は無担保債権になるので，売却代金の残額である2000万円から，それぞれ配当（債権額に応じて按分比例となる）を受ける。計算は各自でお願いします。

(3)　抵当権の順位の変更

〔表1-1〕にあるように，甲不動産に，A，B，C，Dが，1番，2番，3番，4番の抵当権を有しており，それぞれの被担保債権額が，4000万円，2000万円，7000万円，5000万円だとする。第2節2(2)で述べたように，抵当権の順位の変更とは，順位の変更に関係する抵当権者全員の同意によって，ABCDという順位を，DBCAあるいはBCDA等々に変更することである。抵当権の順位の変更の結果，Dが第1順位となったときは，Dは，最初から被担保債権額5000万円の第1順位抵当権者であったことになる。B，Cは第2順位，第3順位のままで順位は変わらないが，先順位抵当権者がAからDに変わったことにより，抵当権の実行に際して，配当額が異なる可能性が生じる。この点が，相対効にとどまる抵当権の順位の譲渡とは異なる。

第7節　共同抵当

1　共同抵当とは

共同抵当とは，1個の債権のために複数の不動産の上に抵当権を設定する場合をいう。たとえば，AがSに対して有する5000万円の貸金債権を担保するために，甲・乙2つの不動産の上に抵当権を設定した場合のように，1つの債権のために抵当権が2つあることになるので，これを共同抵当と称するわけである。共同抵当が用いられる理由は2つある。1つは，危険の分散である。すなわち，1つの不動産だけに抵当権を設定しておくと，当該不動産の価値の上下が，即，債権の回収に跳ね返る危険が大きいからである。もう1つは，価額の累積である。ことに価額の小さい不動産しかないときは，多数を一緒にして被担保債権を連合して負担させることにする。

2　共同抵当の目的不動産がすべて債務者所有である場合

(1)　同時配当の場合

表 1-5

		甲不動産	乙不動産
売却価額		6000 万円	4000 万円
Ⅰ		A（5000 万円）	A（5000 万円）
Ⅱ		B（4000 万円）	C（5000 万円）

〔表 1-5〕にあるように，A は，債務者 S 所有の甲・乙 2 つの不動産の上に被担保債権額 5000 万円の共同抵当権を有していた。A が，両不動産の抵当権の実行を申し立てたところ，2 つの不動産が同時に売却され，売却代金は，甲不動産が 6000 万円，乙不動産が 4000 万円だったとする。

共同抵当の場合，甲・乙 2 つの不動産は，それぞれ，A の被担保債権額である 5000 万円全額の負担を負っているので，A は，5000 万円に満つるまで，どの不動産からでも配当を受けることができる。しかし，この原則を貫いて，A は，その選択に従い，どの不動産からでも，5000 万円に満つるまで，自由な額を配当してもらうことができるとすると，A が多額の配当を受けるように指定した不動産の後順位抵当権者への配当は，その影響を受けて少なくなり，それぞれの不動産の後順位抵当権者間に不公平が生ずることになる。たとえば，A が，甲不動産から 5000 万円全額の配当を受けると指定すると，B，C への配当額は，それぞれ，1000 万円，4000 万円となる。これに対して，A が，甲不動産から 1000 万円，乙不動産から 4000 万円の配当を受けると指定すると，B は 5000 万円配当を受けるのに対して，C への配当額はゼロになってしまう。

そこで，共同抵当の目的である不動産の売却代金を同時に配当する場合には，392 条 1 項は，A は，それぞれの不動産から，その売却代金の割合に応じて配当を受けると定めている。したがって，A は，甲・乙両不動産から，売却代金に応じて，それぞれ，3：2 の割合で配当を受けるので，甲からは 3000 万円，乙からは 2000 万円の配当を受ける。そして，B，C は，売却代金の残額であるそれぞれ 3000 万円，2000 万円の配当を受ける〔表 1-6〕。

表1-6

	甲不動産	乙不動産
売却価額	6000万円	4000万円
Ⅰ	A （5000万円） 3000万円	A （5000万円） 2000万円
配当額	$5000万円 \times \frac{6000万円}{6000万円+4000万円}$	$5000万円 \times \frac{4000万円}{6000万円+4000万円}$
Ⅱ 配当額	B （4000万円） 3000万円	C （5000万円） 2000万円

(2)　異時配当の場合

392条1項は，A，B，Cにとって，最も公平であり，これだけの規定なら，むしろ当然のことで，それほど大した意味はもっていない。しかし，392条1項は，2項を導く基本となる。というのは，共同抵当権者Aは，甲不動産だけ，あるいは，乙不動産だけの競売を申し立てることができるので，常に，甲・乙両不動産の代価が同時に配当されるとは限らないからである。このような場合を異時配当といい，異時配当について定めたのが392条2項である。

たとえば，Aが甲不動産だけの競売を申し立て，甲不動産が売却されたとする。この場合，売却代金6000万円は，Aに5000万円配当され，Bに1000万円配当される。乙不動産上のAの抵当権は被担保債権が満足を受けたことによって消滅し，Cの抵当権は1番に上昇する。そこで，後に，乙不動産が競売されると，Cは，4000万円の配当を受けることになる。逆に，乙不動産が先に競売された場合には，Aには4000万円が配当され，Cは配当に与ることができず，後に甲不動産が競売されると，Aには1000万円が配当され，Bは4000万円の配当を受けることになる。

このように異時配当の場合には，何らかの法的手当てを施さないと，後順位抵当権者の地位は，どの不動産から競売されるかによって，大きく変化し，非常に不安定なものになってしまう。すると，共同抵当が設定された不動産に後順位抵当権を設定しようとする者は，各不動産は被担保債権額満額の負担を負うものとして，担保価値を計算することになるので，抵当不動産の所有者にとっても，不動産の担保価値を十分生かせないことになってしまう。そこで，392条2項は，後順位抵当権者に，どの不動産から競売されても，同時配当の場合の配当額を保障することにした。

たとえば，甲不動産が先に競売されたとする。この場合，Aは，甲不動産の売却代金6000万円から自己の被担保債権額5000万円の配当を受ける。これにより，本来なら，乙不動産上のAの抵当権は消滅するはずである。しかし，それを消滅させないで，甲不動産上に2番抵当権をもっていたBに移転（代位）させる。移転（代位）させる額は，同時配当の場合に，乙不動産が1番抵当権者であるAのために負担していた額（2000万円）である。結論としては，乙不動産上のAの1番抵当権は，乙不動産がそのために負担する額である2000万円を限度として，Bに移転する。したがって，乙不動産が競売された場合には，売却代金4000万円のうち，まず2000万円はBに配当され，Cには残額の2000万円が配当されることになる。すると，甲・乙両不動産からの配当は，最終的には，Aは5000万円，Bは3000万円（甲からの1000万円＋乙からの2000万円），Cは2000万円となり，同時配当の場合と同じになる。

共同抵当権者Aは，甲・乙両不動産のうち，どれでも競売することができ，そして，どの不動産からでも，全額に満つるまでの配当を受けることができる。しかし，その場合，共同抵当権者Aが実行を選択した不動産の後順位抵当権者だけが損をするわけではなく，代位という構成をとることによって，他の不動産の後順位抵当権者との公平をはかったのが392条2項の規定である。

Column⑱　共同抵当の登記

共同抵当の関係は登記によって公示される（不登83条1項4号・2項）とともに，登記所には，共同抵当目録が作成される。しかし，現実には，常に，登記に共同抵当の記載がされるわけではない。

そもそも，共同抵当の登記が共同抵当の公示としていかなる意味を有するかは疑問である。まず，共同抵当権者は，いずれにしても，各抵当不動産から被担保債権全額の弁済が受けられるので，共同抵当であることを主張する実益はない。次に後順位抵当権者は，共同抵当であれば，代位する利益はあるが，共同抵当の登記は，後順位抵当権者が行うものではないので，共同抵当の登記を，代位の権利の対抗要件とみることはできない。したがって，後順位抵当権者は，共同抵当の登記がなくても，実体として共同抵当の関係にあれば，392 条が適用され，代位の利益を受けることができると解すべきである。

Column⑲　代位の付記登記

たとえば，〔表 1-6〕において，甲不動産が先に競売されて，A の 1 番抵当権が満足したときには，本来ならば，乙不動産上の A の 1 番抵当権の登記は抹消されるはずである。しかし，393 条によると，B は，抹消しないで，乙不動産上の A の 1 番抵当権は B に移転した旨の付記登記ができる。ただし，B は，乙不動産上の A の抵当権が代位によって B に移転する前から乙不動産上に権利を有している者――たとえば，C――に対しては，代位の付記登記がなくても代位を対抗できる。C は，A の共同抵当権が存在しているときから 2 番抵当権をもっていた者なので，抵当権設定当初から，A の債権のうち 392 条 2 項に従った割付額は乙不動産から回収されることを覚悟していたからである。

Column⑳　一部代位と 392 条の代位

〔表 1-6〕で乙不動産が先に競売された場合には，A は被担保債権額全額の満足を得られないので，甲不動産上の A の抵当権は消滅しない。そこで，この場合，C は，甲不動産上の A の抵当権に代位できるかが問題となる。大連判大正 15 年 4 月 8 日民集 5 巻 575 頁は，A の被担保債権の残額が消滅することを停止条件として，C に移転する。すなわち，甲不動産が競売されて，その売却代金から A に配当がなされ，それを受けて A の抵当権が消滅することを停止条件として，甲不動産上の A の抵当権は C に移転するとする。したがって，C は，あらかじめ代位の付記仮登記ができるにとどまるとしている。

弁済と代位については，債権総論で詳しく学ぶことになるが，改正 502 条 1 項は，債権の一部弁済をした者は，債権者の同意を得たときにのみ，債権者と共同で代位できると規定する。そこで，一部弁済と代位に関する改正502条1項が，392条の代位についても適用があるかが問題となる。しかし，乙不動産の後順位抵当権者であるCは，本来は，その抵当権を実行して弁済を受ける立場にあった。Cの抵当権は，先順位抵当権者が共同抵当権であったことから乙不動産の競売によって無条件に消滅するのではなく，いわば甲不動産に移転したと考えることができる。したがって，弁済による代位の場合とは異なり，先順位抵当権者が一部弁済しか受けていない場合であっても，後順位抵当権者の地位を保護して，ただちに代位できると考えるべきである。

物上保証人が弁済によって一部代位した事案において，最判昭和60年5月23日民集39巻4号940頁は，配当にあたっては，抵当権者（債権者）が優先すると判示し，改正502条3項も同様な規定をおいた。共同抵当の目的不動産は，それぞれ共同抵当権者の被担保債権額全額の負担を負っている。したがって，共同抵当の代位においても，配当にあたっては，後順位抵当権者は，先順位の共同抵当権者に劣後することになろう。

3 共同抵当の目的不動産の所有者に物上保証人が存在する場合

(1) 共同抵当の目的不動産の一部が物上保証人の所有である場合

この場合，392条による共同抵当の代位と弁済による代位（499条以下）のいずれが適用されるかが問題となる。したがって，債権総論で学ぶことになる弁済による代位を理解していないと，この問題は理解できないと思う。したがって，**3**は，弁済による代位を勉強した後で，もう一度，戻ってきてほしい。

(ア) 異時配当の場合

❶ 物上保証人所有不動産が先に競売された場合

Aが，甲不動産上の抵当権を実行して，5000万円の配当を受けたとする。この場合，弁済による代位を優先させると，物上保証人Rは，債務者Sに対する求償権全額で乙不動産に代位することになるので（500条），Cは，何ら，配当に与れないことになってしまう。これに対して，392条2項を優先させると，後順位抵当権者Cは，Aの1番抵当権の乙不動産に対する割付額（2000

表1-7-1

	甲不動産	乙不動産
	物上保証人 R 所有	債務者 S 所有
売却価額	6000 万円	4000 万円
Ⅰ	A　(5000 万円)	A　(5000 万円)
Ⅱ		C　(5000 万円)

万円）だけ優先されることを覚悟すればいいので，物上保証人Rが乙不動産について代位するのは2000万円，したがって，Cは2000万円配当を受けることになる。

この問題は，物上保証人と債務者所有不動産の後順位抵当権者のどちらを保護すべきかという問題である。最判昭和44年7月3日民集23巻8号1297頁は，物上保証人の代位の期待は，その後に，乙不動産に債務者によって後順位抵当権が設定されたことによって奪われるべきではないとの理由により，物上保証人を保護した。すなわち，弁済による代位が共同抵当の代位に優先することになる。

それでは，物上保証人R所有不動産にBの後順位抵当権が存在する場合には，後に，乙不動産が競売されると，RとBは，いかなる関係に立つだろうか。

表1-7-2

	甲不動産	乙不動産
	物上保証人 R 所有	債務者 S 所有
売却価額	6000 万円	4000 万円
Ⅰ	A　(5000 万円)	A　(5000 万円)
Ⅱ	B　(4000 万円)	

Aが甲不動産を競売すると，Aは，5000万円の弁済を受けて，その債権は消滅し，Rは，弁済による代位により，乙不動産上のAの1番抵当権の移転を受ける。この場合，乙不動産の売却金について，RとBのどちらを保護すべきか，答えは簡単である。というのは，Bの抵当権はRによって設定されたものである以上，RはBの抵当権による負担を甘受すべきものであり，したがって，乙不動産の売却金は，まず，Bに配当されるべきものであるからで

ある。

最判昭和53年7月4日民集32巻5号785頁は，392条2項が後順位抵当権者の保護をはかっている趣旨に鑑み，物上保証人に移転した1番抵当権は後順位抵当権者の被担保債権を担保するものとなり，後順位抵当権者は，物上代位をするのと同様に，その順位に従い，物上保証人の取得した1番抵当権から優先して弁済を受けることができるとした。

❷ 債務者所有不動産が先に競売された場合　❶で述べたところから明らかなように，債務者所有不動産が先に売却されても，債務者所有不動産の後順位抵当権者は，物上保証人所有の不動産に代位することはできない。

（イ） 同時配当の場合

(ア)で述べたように，異時配当の場合には，392条2項の適用が否定されている。そこで，同時配当の場合に，392条1項を適用して，各不動産への割付けを認めると，同時配当と異時配当で，配当の結果が異なることになってしまう。そこで，近時の学説は，同時配当の場合にも，392条1項の割付けを行わず，まず，債務者所有不動産から抵当権者に弁済を受けさせるべきであるとする。

(2) 共同抵当の目的不動産が異なる物上保証人の所有である場合

表1-8

	甲不動産 物上保証人R所有	乙不動産 物上保証人Q所有
売却価額	6000万円	4000万円
Ⅰ	A （5000万円）	A （5000万円）
Ⅱ	B （4000万円）	C （5000万円）

（ア） 異時配当の場合

物上保証人RとQの関係は弁済による代位の規定（500条・501条）によって処理される。

❶ 甲不動産が先に競売された場合

甲不動産の売却代金6000万円は，Aに5000万円，Bに1000万円配当される。乙不動産に対するRの弁済による代位は，甲，乙不動産の価格に従って原抵当権であるAの抵当権の被担保債権額5000万円を割り付けた額2000万円となる（改正501条3項3号）。

しかし，Rの設定にかかる後順位抵当権者Bは，物上代位をするのと同様に，その順位に従い，Rの取得した乙不動産上の1番抵当権から優先して弁済を受けることができる（(1)(ア)参照）。すなわち，乙不動産が競売された場合は，売却代金は，まず，Bに2000万円配当され，残余の2000万円はCに配当される。まとめると，Aは甲不動産から5000万円，Bは3000万円（甲不動産から1000万円＋乙不動産から2000万円），Cは乙不動産から2000万円回収できることになる。

❷　乙不動産が先に競売された場合　　乙の売却代金4000万円は，Aに配当される。Qは，甲，乙不動産の価格に従ってAの抵当権の被担保債権額5000万円を割り付けた額の限度（3000万円）で，甲不動産に代位できる。ただし，Aの抵当権の被担保債権は一部弁済されたにとどまっているので，Qの代位は一部代位である。したがって，甲不動産が競売された場合には，売却代金6000万円のうちの3000万円については，債権者であるAにいまだ弁済を受けていない1000万円が優先的に配当される。しかし，Qに配当される2000万円については，Qの設定にかかる後順位抵当権者Cは，物上代位をするのと同様に，Qの取得した甲不動産上の1番抵当権から優先して弁済を受けることができる。まとめると，Aは，5000万円（甲不動産から1000万円＋乙不動産から4000万円），Bは甲不動産から3000万円，Cは甲不動産から2000万円回収できる。

（イ）　同時配当の場合

改正501条3項3号の趣旨から，Aの抵当権の被担保債権を甲・乙両不動産の価格に応じて割り付けることになる。したがって，Aは5000万円（甲不動産から3000万円＋乙不動産から2000万円），Bは甲不動産から3000万円，Cは乙不動産から2000万円の配当を受ける。結果は，392条1項を適用したのと同じであるが，その根拠は，弁済による代位について定める改正501条3項3号の趣旨に求めるべきである。

(3)　共同抵当の目的不動産が同じ物上保証人の所有である場合

関係当事者の利益状況に変わりはないので，共同抵当の目的不動産がすべて債務者の所有である場合と同様に，392条が適用される（最判平成4年11月6日民集46巻8号2625頁）。

(4)　共同抵当の目的不動産に第三取得者が存在する場合

図1-12

		甲不動産	乙不動産	
		債務者S所有	債務者S所有	――→T（第三取得者） 譲渡
売却価額		6000万円	4000万円	
Ⅰ		A（5000万円）	A（5000万円）	
Ⅱ		B（4000万円）		

〔図1-12〕の場合，第三取得者Tの登場時期によって，場合を分けて考えるべきである。

Tが登場した後に，甲不動産上にBの2番抵当権が設定された場合には，Tは，登場時において，たとえ，乙不動産が競売されても，甲不動産に対して全額代位できるという期待を有している。したがって，後にSが甲不動産に後順位抵当権を設定したことによって，Tの期待を裏切ることは適当ではない。したがって，Bは，甲不動産が先に競売された場合であっても，乙不動産には代位できないと解すべきである。逆に，乙不動産が先に競売された場合には，Tは，甲不動産に対して，全額について弁済による代位が可能である。すなわち，この場合，Tの法定代位の期待は，Bの392条の代位に優先する。第三取得者が登場した後に登場する債務者所有不動産上の後順位抵当権者は，共同抵当権の負担は，債務者の手元に残った債務者所有の不動産で負担するという覚悟で後順位抵当権を取得すべきであるということになる。

これに対して，Tが登場したのが，Bの登場の後であった場合には，Bの392条の代位の期待は，第三取得者Tの法定代位への期待よりも優先する。したがって，甲不動産が先に競売された場合には，Bは乙不動産に代位することができ，乙不動産が先に競売された場合には，Tは甲不動産に代位できない。

このように，第三取得者の法定代位に対する期待は，同人が登場した時点において，すでに，代位の期待を有する者が存在している場合には，その者の有する期待に劣後し，同人登場後に，代位の期待を有するに至った者には優先することになる。たとえば，共同抵当権設定当時，甲不動産が物上保証人，乙不動産が債務者所有であって，後に，乙不動産がTに譲渡された場合を考えてみよう。T登場時において，すでに，物上保証人は乙不動産に全額代位する期待を有していた。したがって，甲不動産が先に競売された場合には，物上保証人は乙不動産に全額代位できるのに対して，乙不動産が先に競売された場合には，Tは甲不動産に代位できない。

(5)　終わりに

以上，説明してきたように，共同抵当権の目的不動産の所有者は債務者だけとは限らない。物上保証人も，複数存在する場合には，同一人とは限らない。また，第三取得者が登場することもある。さらには，数個の共同抵当が目的不動産の範囲を異にして設定されたり――たとえば，Aは甲，乙，丙不動産に共同抵当を有し，Bは，乙，丙，丁不動産に共同抵当を有する――，はたまた，共同抵当の順位が相互に錯綜する――たとえば，Aは，甲乙丙不動産に共同抵当を有しており，その順位は，甲と乙不動産は1番，丙不動産は2番，Bは，乙丙丁不動産に共同抵当を有しており，その順位は，乙不動産は2番，丙丁不動産は1番――という具合に，共同抵当をめぐる法律関係の複雑さは限りなく拡大していく。しかし，不可避的に複数の人間が関与せざるをえない担保制度にあっては，このような状態は，決して望ましいものではない。したがって，共同抵当は，立法によって簡明な制度に変革することが必要である。

第8節 抵当権の消滅

1 一般的な消滅原因

抵当権の消滅原因には，物権一般に共通のものと担保物権に共通なものがある。

物権一般に共通のものとしては，目的物の滅失（大判大正5年6月28日民録22輯1281頁）――ただし，物上代位が問題となる場合がある――，混同――179条に例外がある――，放棄がある。なお，抵当権の目的が地上権，永小作権である場合，その放棄は抵当権者に対抗できない（398条）。

担保物権に共通の消滅原因には，被担保債権の消滅がある。消滅における付従性の問題である。

2 抵当権特有の消滅原因

(1) 代価弁済，抵当権消滅請求

第5節 2 3 で，すでに説明した。

(2) 抵当権の時効消滅

抵当権の消滅と時効がかかわる制度としては，① 1 で述べた被担保債権の消滅による抵当権の消滅のほかに，②抵当権の消滅時効（改正166条2項），③取得時効の効果としての抵当権の消滅および④397条による抵当権の消滅が考えられる。

このうち，②については，自ら債務を負い，または，抵当権を設定した者が，被担保債権が存在するにもかかわらず，抵当権の時効消滅を主張することは妥当ではない。そこで，396条は，債務者，設定者については，抵当権は，被担保債権と同時でなければ消滅しないと規定している。これに対して，抵当不動産が第三取得者に属する場合には，判例は，改正前167条2項（改正166条2項）の適用を認め，抵当権は，被担保債権と離れて20年の消滅時効にかかるとする（大判昭和15年11月26日民集19巻2100頁）。抵当権の消滅時効の起算点

は，抵当権が実行できる状態になった時である。

ところで，判例は，取得時効の効果は原始取得であることから，占有者は，占有の初めに所有権について善意・無過失であれば，抵当権の存在について悪意であっても，10 年の取得時効の完成によって抵当権の負担のない所有権を取得すると解しているようである（最判昭和 43 年 12 月 24 日民集 22 巻 13 号 3366 頁）（③）。しかし，取得時効が原始取得であることから，取得時効の効果として，抵当権は消滅すると解すべきかは，きわめて疑問である。したがって，397 条は，取得時効の効果としての抵当権の消滅を定めている規定ではなく，一定の占有継続によって抵当権が消滅するという抵当権の消滅に関する規定ということになる（④）。

397 条は，その沿革を遡ると，抵当権に公示がない時代に，フランスにおいて，第三取得者を「隠れた抵当権」から保護するために存在した制度に由来する。しかし，抵当権の公示が完備された現在において，397 条を，その沿革に忠実に第三取得者にも適用があると解釈する正当性が存在するかは，すこぶる疑問である。また，実際上も，住宅ローンのように長期の債権の場合には，第三取得者について最後の弁済期が到来する前に同条の要件を満たす占有が完成することは決して珍しいことではない。このような事態を避けるために抵当権者がとりうる手段は，抵当権存在確認請求訴訟ぐらいである。しかし，被担保債権について何のトラブルもなく順調に弁済が行われている状況にあっても，抵当権の消滅を阻止するためには，このような訴訟を提起しなければならないというのは，妥当とはいえない。したがって，397 条は第三取得者には適用がないと解すべきである。同条が適用になるのは，たとえば，A 所有の甲地と B 所有の乙地の境界が不明瞭で，B が甲地の一部を自己の所有地だと信じて長年にわたって占有してきた場合のように，抵当不動産の全部または一部について，外形上，取引行為がなく，ただ，事実上，現実の占有と真実の所有関係が食い違っている場合に，第三者が抵当不動産の所有権を時効取得するのに必要な占有をした場合というごく稀な場合に限られる。

以上，まとめると，第三取得者の手元に抵当不動産がある場合に抵当権が消滅するのは，被担保債権自体が時効消滅する場合（①），改正 166 条 2 項の適用により抵当権の不行使によって被担保債権とは別に時効消滅する場合（②）

に限られる。

第9節 根抵当権

1 意 義

今まで説明した抵当権（以下「普通抵当権」という）は，1個の特定の債権を担保するための抵当権であるのに対して，根抵当権は，不特定の債権を担保するための抵当権である。たとえば，家電販売店Aが家電メーカーBから継続的に製品を売ってもらっている場合のように，継続的取引関係にある者の間においては，一方で商品の販売によってBのAに対する債権が発生するとともに，他方で，AはBに債権を弁済するという具合に，債権の発生・消滅が繰り返されている。このような債権を担保するに際して，普通抵当権を用いようとすると，個々の債権が発生するごとに，抵当権設定契約を締結しなければならないことになり，はなはだ，煩雑である。そこで，このような将来にわたって発生・消滅を繰り返す債権を，あらかじめ，一括して担保するための抵当権が根抵当権である。

ここで，根抵当権の設定について，若干，比喩を交えて説明すると，以下のようになる。すなわち，まず，根抵当権者（甲）は，根抵当権設定者（乙）の所有にかかる目的不動産に，優先弁済を得られる額（極度額）を定めて，その大きさの箱を作る。極度額は，根抵当権者が優先弁済を受ける限度額である。すなわち，甲は，この不動産について，極度額を限度とする価値支配権を有するわけである。そして，次に，この箱の中に入れる被担保債権――ボールをイメージしてほしい――の範囲を定める。根抵当権の場合，この箱がボール――被担保債権――で一杯であっても，空っぽであっても，甲には，その大きさの箱が確保されている。ボールの数が少なくなって――被担保債権が少なくなって――，箱のすき間が大きくなったからといって，箱が小さくなったりすることはない。根抵当権は，明治時代から行われてきたが，1971（昭和46）年の改正で，398条の2以下に規定が新設された。

根抵当権は，普通抵当権と同じく，根抵当権者と設定者の合意によって設定され，登記が対抗要件である。

2　被担保債権

根抵当権は，普通抵当権とは異なり，不特定の債権を担保するためのものであり，被担保債権――箱に入っているボール――は，変動する。しかし，なんでもかんでも箱に入れていいというわけではない。被担保債権の範囲――どんなボールを箱に入れていいか――は，設定行為において，特定しなければならない。そして，被担保債権の範囲――この箱の中にどのようなボールを入れることを認めるか――は立法政策上の問題であり，1971（昭和46）年の立法に際して，債権者・債務者間に発生するすべての債権を担保する「包括根抵当」は認められなかった。もし，包括根抵当を許すと，債権者は，なまじっか，被担保債権を制限しておくと，後で，ある債権が根抵当権の被担保債権に含まれるかどうか争いが生じても厄介なので，根抵当権の設定に際しては，常に，包括根抵当の設定を要求することが予想される。すると，過剰担保のおそれがでてくるという政策的な理由からである。

398条の2第1項によると，根抵当権の被担保債権は，「一定の範囲に属する不特定の債権」である。ここで，「不特定の債権」とは，具体的な債権――たとえば，令和○年△月×日のAB間の消費貸借契約によって成立したAのBに対する2000万円の債権――を担保する目的で設定されるのではなく，一定の範囲に属するものであるならば，どれと特定されずに担保されるという意味である。先ほどの比喩を用いると，ある債権が消滅しても，消滅した分，箱が小さくなるのではなく，消滅して空いた空間を他の債権が代わって埋めることができるという意味である。したがって，具体的な個々の債権を根抵当権の被担保債権に含めることはできるが，特定の債権のみを担保するために根抵当権を設定することはできない。

根抵当権の被担保債権については，398条の2第2項が取引上の債権として「債務者との特定の継続的取引契約によって生ずるもの」と「債務者との一定の種類の取引によって生ずるもの」の2種類を定めている。前者は，たとえば，「令和○年△月×日に締結したAB間のガソリン供給契約」という具合に，債務者との間の特定の継続的取引契約の名前を挙げて，そこから生じる債権を当該根抵当権で担保すると定める方法であり，後者は，たとえば，「銀行取引」「売買取引」という具合に，定める方法である。

次に，取引によらない債権であっても，改正同条3項は，「特定の原因に基づいて債務者との間に継続して生ずる債権」，「手形上若しくは小切手上の請求権」および「電子記録債権」は被担保債権となると定める。「特定の原因に基づいて債務者との間に継続して生ずる債権」については，ほとんど実例はないであろうが，登記参考例として，継続的に発生する甲工場の廃液によって発生する乙の甲に対する損害賠償債権が挙げられている。

「手形上若しくは小切手上の請求権」は以下のような債権である。たとえば，Bが振り出してCに交付した手形を，CがA銀行に割り引いてもらった場合，A銀行は，Bに対して手形上の請求権を有する。しかし，A銀行がこの手形を入手したのは，Bとの取引によるものではなく，Cとの取引による（このようにして取得した手形を回り手形とよぶ）。したがって，A銀行がBとの銀行取引から生ずる債権を被担保債権とする根抵当権を有していたとしても，このBに対する手形上の請求権は，根抵当権の被担保債権とはならない。そこで，A銀行が，Cとの割引契約によって取得した手形に基づくBに対する請求権を根抵当権の被担保債権とするためには，398条の2第3項の規定を要することになる。

「電子記録債権」とは，電子債権記録機関（代表的なものとして，大手金融機関が参加する全銀電子債権ネットワークがある）の記録原簿への電子的記録が，債権の発生や譲渡等の効力要件となる金銭債権である。平成20年（2008年）に施行された電子記録債権法によって導入された新しい類型の債権である。電子記録債権は，手形のペーパレス化の機能を果たしており，今般の債権法改正により，根抵当権の被担保債権の範囲に含められた。

ところで，「手形上若しくは小切手上の請求権」「電子記録債権」を根抵当権の被担保債権の範囲に含めることができるという定めは濫用されるおそれがある。すなわち，たとえば，Bの資力が悪化した後で，根抵当権者のA銀行が根抵当権の極度額の枠に余裕があるというので，Bの振り出した手形を二束三文でかき集めて，根抵当権で担保させることを認めると，後順位抵当権者や一般債権者が害されるおそれがある。そこで，Bの資力が悪化してから取得した回り手形——「債務者との取引によらないで取得する手形上の請求権」——等は，被担保債権の範囲から除外されている（改正398条の3第2項）。

3　付　従　性

普通抵当権は，特定の債権を担保するための制度であるので，当該債権が消滅すれば，抵当権も，その役目を終えて，消滅する。これに対して，根抵当権は，「一定の範囲に属する不特定の債権」を担保するための制度であるので，個々の被担保債権——箱の中に入っているボール——に変化が生じ，たとえ，箱の中に1個もボールが入っていなくても，消滅しない。ただし，**5**で説明するように，確定後の根抵当権にあっては，被担保債権がすべて消滅すると，根抵当権も消滅する。

4　根抵当権の確定前の変動

(1)　個別債権の譲渡・引受

根抵当権の個々の被担保債権が譲渡されても，譲受人は，根抵当権を行使することができない（398条の7第1項前段）。これは，根抵当権では被担保債権が多数あり，それぞれ別な者に譲渡されることがありうるので，随伴性を認めると，法律関係が複雑になりすぎるからである。したがって，根抵当権の箱の中に入っている個々の被担保債権が譲渡された場合には，当該債権は箱から出ていってしまうことになる。債務者のために，または，これに代わって被担保債権を弁済し，弁済による代位（改正499条）により当該債権を取得した者も同様に，根抵当権を行使することはできない（398条の7第1項後段）。また，改正518条1項は，債権者の交替による更改があった場合，更改前の債権者は，元の債務の担保として設定された担保権を更改後の債務に移転することができると定めているが，この規定は，根抵当権には適用されない（改正398条の7第4項）。

元本確定前に債務の引受があった場合も，債務者のかわった債権は，箱から出ていく（398条の7第2項）。なお，免責的債務引受でない場合には，原債務者の負う債務について根抵当権を行使できるのは当然である。改正472条の4

第１項は，免責的債務引受があった場合，元の債務の担保として設定された担保権を引受人が負担する債務に移転することができると定めているが，この規定は，根抵当権には適用されない（改正 398 条の 7 第 3 項）。

さて，そうすると，ＳからＴへ営業譲渡があり，Ｓの債務が，免責的に，Ｔに引き継がれた場合に困ることになる。というのは，このままでは，Ｔが引き継いだＳの債務は根抵当権によって担保されることはなく，また，今後発生するＴの債務も担保されないからである。その場合には，根抵当権の被担保債権の変更を行えばよい。まず，根抵当権者と根抵当権設定者との間で債務者をＳからＴに変更する（398 条の 4 第 1 項）。しかし，債務者の変更をすると，今まで，被担保債権であったＳを債務者とする債務は，すべて，箱から出されてしまうので，今後発生するＴの債務が担保されるだけで，すでに発生したＳの債務は担保されないことになる。したがって，すでに発生したＳの債務も担保するためには，この債務も根抵当権によって担保されるものとする特別の合意をしなければならない。このように，根抵当権にあっては，根抵当権者と設定者（より正確には，自分の所有不動産上に根抵当権の負担を背負っている者）の合意によって，被担保債権の債務者の変更，範囲の変更が可能である（398 条の 4）。この変更には，後順位担保権者その他の第三者の承諾は不要である。これに対して，極度額の変更の場合には，利害関係人の承諾を要する（398 条の 5）。利害関係人は，極度額を大きくする場合には後順位担保権者，小さくするときには転抵当権者である。

(2)　被担保債権・債務の包括移転

(ア)　相　　続

根抵当権者（＝債権者）あるいは債務者が死亡したが，相続人が営業を承継する場合には，根抵当関係を存続させる必要がある。そのためには，根抵当権者（根抵当権者が死亡した場合には根抵当権の相続人）と設定者（設定者が死亡した場合には不動産の相続人）の間で合意が必要である（398 条の 8）。

たとえば，根抵当権が物上保証人（L）の所有にかかる不動産上に設定されており，債務者（S）が死亡し，共同相続人Ｔ，Ｕ，Ｖのうち，Ｔが営業を承継するとしよう。この場合，根抵当権者（A）と物上保証人（L）の間で，Ｔを新たな債務者とする合意がなされれば，根抵当関係は存続し，根抵当権は，相続開始の時に存する債権のほか，今後，発生するTを債務者とする債権を担保することになる（398条の8第2項）（〔図1-13〕）。根抵当権が設定されている不動産が債務者（S）の所有である場合には，不動産の相続人と根抵当権者Aとの間で，同様の合意が行われることになる。

図1-13

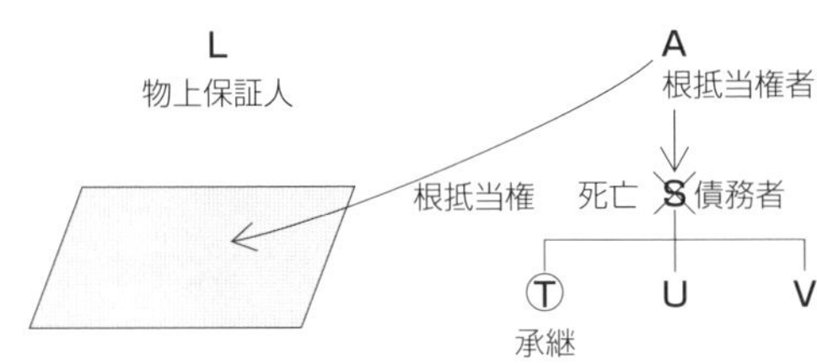

逆に，根抵当権者に相続が開始し，事業を承継する者が決定したときは，根抵当権の被担保債権の債権者の変更をしなければならない。変更の合意の当事者は，根抵当権設定者と根抵当権の相続人である（398条の8第1項）。これによって，根抵当権は，相続時に存在した債権に加えて，今後，承継者を債権者とする債権を担保することになる。

しかし，新たな債務者あるいは債権者の合意が，常に，うまくいくとは限らない。あるいは，誰も，営業を引き継がないということもある。このような場合，根抵当権設定者（あるいは根抵当権設定者の相続人）は398条の19第1項の要件を満たせば，また，根抵当権者（あるいは根抵当権者の相続人）はいつでも元本の確定請求を行うことができる（398条の19第2項）。しかし，根抵当関係が存続するか否か，いつまでも，宙ぶらりんの状態においておくと第三者に迷惑を及ぼすので，398条の8第4項にあるように，6か月以内に新たな債務者あるいは債権者の合意の登記がなされないと，相続開始の時に確定の効力が生ずる。

（イ）　合　　併

根抵当権者あるいは債務者が会社である場合には，合併ということが起こりうる。合併の場合には，相続の場合とは異なり，1つの会社が営業もろともに承継し，信用関係にも原則として変更がない。そこで，相続の場合とは異なり，原則として，根抵当関係は承継される（398条の9第1項・2項）。ただし，根抵当権者に合併があったときは，根抵当不動産の所有者は一定期間内において，元本の確定請求を行うことができる。根抵当不動産の所有者は自らが合意していない債権者の債権まで無断で担保させられるのは酷だからである。これに対して，債務者の合併の場合には，根抵当権設定者である債務者には確定請求は認められていない（398条の9第3項・5項）。というのは，自分の意思で合併したのであるから，合併を理由とした確定請求を認めなくても，不利益を課したことにはならないからである。

（ウ）　会社の分割

会社Aを分割して，その営業の全部または一部を新たに設立される会社Bに承継させる場合（新設分割），Aを「分割した会社」，Bを「分割により設立された会社」という。また，会社Aを分割して，その事業に関して有する権利義務の全部または一部をすでに存在する会社Cに承継させる場合（吸収分割），Cを「吸収分割承継会社」という。

根抵当権者が分割される場合には，根抵当関係は，被担保債権の範囲に含まれるものであれば，分割時に存在する債権のほか，「分割した会社」「分割により設立された会社」「吸収分割承継会社」が分割後に取得する債権を担保するものとして，存続する（398条の10第1項）。

債務者が分割される場合にも，同様に，根抵当関係は，分割時に存在する債務のほか，「分割した会社」「分割により設立された会社」「吸収分割承継会社」が分割後に負う債務も担保するものとして存続する（398条の10第2項）。根抵当権の被担保債権と定められている債権が，分割対象となった営業あるいはならなかった営業の一方のみにかかわるものと言い切れないことが多い。そこで，このような扱いになったわけである。

抵当不動産所有者の確定請求権は，合併の場合と同じである（398条の10第3項）。

(3)　根抵当権の処分

根抵当権は，転抵当のほかは，抵当権の処分はできない（398条の11）。その理由は，**第6節**で説明したように，抵当権の処分は，処分した者の被担保債権が配当の時まで弁済されないで残っていることを前提として，処分した者への配当が処分の利益を受けた者に帰属するという考え方に基づく制度である。だから，抵当権の処分に関する376条は377条と不可分に結びついているわけである。しかし，根抵当権では被担保債権は発生・消滅を繰り返しているので，根抵当権の処分にあっては，処分をした者へ弁済しても構わないとしないと，根抵当権の性質と両立しない。すなわち，根抵当権と抵当権の処分は相いれない性質にあるので，根抵当権にあっては，抵当権の処分はできないとした。

ただし，転抵当は，根抵当権であっても，可能である（398条の11第1項但書）。しかし，前述したように，根抵当権にあっては，処分した者——原根抵当権者——へ弁済しても構わないとしないと根抵当権の性質と相いれないので，398条の11第2項にあるように，原根抵当権の債務者は弁済をもって転抵当権者に対抗することができる。したがって，配当の段階になったら，原根抵当権への配当はゼロで，転抵当権者は配当に与れないという状況も生じうる。その意味で根抵当権の転抵当は頼りない。しかし，たとえば，転抵当権者と原抵当権者の間に系列等の関係がある場合には，転抵当権者は原抵当権の被担保債権をモニターできるので，実務的には，利用価値がある。

しかし，根抵当権については，全部譲渡（398条の12第1項）・分割譲渡（同条2項）・一部譲渡（398条の13）という普通抵当には認められない処分が認められる。

❶　全部譲渡　　先ほどの比喩を用いると，根抵当権者は，箱から被担保債権をすべて出して，空っぽになった箱を第三者に譲渡する。すると，譲り受けた方は，また，根抵当権設定者との間で，この箱の中にどのような債権を入れるか合意することになる。

❷　分割譲渡　　1つの箱を，大きさ（極度額）を決めて2つに分割して，それまで箱の中に入っていた債権をそのうちの1つの箱の中に集める。そして，空っぽになった箱を第三者に譲渡する。すると，譲り受けた方は，また，根抵当権設定者との間で，この箱の中にどのような債権を入れるか合意することになる。分割譲渡は，その性質は全部譲渡である。

❸　一部譲渡　　今まで1人で使っていた箱を，もう1人にも使用を許す

ことである。分割譲渡の場合には，2つの箱の一方にすき間ができても，他方は，そのすき間を利用することができないのに対して，一部譲渡の場合には，2人で，すき間がなくなるまで，1つの箱を利用することができる。一部譲渡があると，譲渡人と譲受人との間で，根抵当権の共有関係を生ずる。

たとえば，Aが，極度額5000万円の根抵当権をBに一部譲渡すると，根抵当権者であるA，Bへの配当金は，それぞれの被担保債権額に応じて按分して配当される。しかし，ABの間で，異なる割合で取得すると定めてもよい。

5　確　　定

根抵当権の被担保債権が具体的に定まることを確定という。確定が生ずると，被担保債権が特定するので，根抵当権の性質は一変する。この確定が生ずると，根抵当権は消滅における付従性を取得する。

(1)　確 定 事 由

確定は根抵当権が優先弁済的効力を発揮する前提として要求される（398条の20第1項）。優先弁済効を発揮するためには，優先弁済額が定まっていなければならず，そのためには，被担保債権が定まっている必要があるからである。

Column㉑　担保不動産収益執行における配当

第2節3(2)で述べたように，担保不動産収益執行では，後順位抵当権者の申立てにより同手続が開始されても，競売とは異なり，先順位抵当権者は当然には配当に与れない。というのは，担保不動産収益執行も，抵当権の実行形態の一つであるために，根抵当権者が当然に配当に与れることにすると，根抵当権は確定すると考えざるを得ない。しかし，それでは，根抵当権者にとっては，不利になることもあるからである。

しかし，確定は，根抵当権の被担保債権が流動性を失うということであって，優先弁済を受けることに直接つながる観念ではない。根抵当権は，長期間にわたって，根抵当権者による目的不動産に対する価値支配を許す制度であり，長期間にわたって，根抵当不動産の所有者を価値支配に服させることは酷である。

そこで，根抵当不動産の所有者は，根抵当権設定後3年を経過すると，根抵当権者に対して，元本の確定請求ができる（398条の19第1項前段）。この場合，請求から2週間を経過した時点で，元本は確定する（同項後段）。

また，企業再編や不良債権処理の流れの中で，根抵当権には，被担保債権を根抵当権付きで譲渡する必要も生じており，そのために，根抵当権者の方から被担保債権を確定させる必要がある。そこで，2003（平成15）年の改正においては，新たに，根抵当権者に元本確定請求権を与えた（398条の19第2項）。

また，根抵当権者と設定者は元本確定期日を合意することもできる（398条の6第1項）。その場合には，確定期日の前には，設定者，所有者ともに確定請求を行うことはできない（398条の19第3項）。そこで，確定請求できない期間があまりに長期にわたることは妥当ではないので，確定期日は，それを定める日から5年以内であることが要求される（398条の6第3項）。

(2)　効　　果

確定した根抵当権は，概ね，その時点で存在する債権を被担保債権とする普通抵当権に変わると考えてよい。したがって，確定前は，被担保債権がゼロになっても，根抵当権は消滅しないが，確定後は，消滅における付従性により，被担保債権がゼロになれば，根抵当権自体も消滅する。しかし，確定後にあっても375条の適用はない。したがって，極度額に達するまでは，2年を超える利息・遅延損害金についても優先弁済を受けることができる反面，元本だけで極度額に達すれば，利息・遅延損害金は1円もとれない。

なお，根抵当権が確定すると，以下の2つの権利が認められる。

❶　極度額減額請求権（398条の21第1項）　　根抵当権は，新たな元本が発生して取引が継続されることを前提とした制度である。したがって，確定によって新たな元本が発生しなくなった後にあっても，利息だけのために，根抵当権者に，当初に定めた極度額までの価値支配を認めることは合理的ではない。そこで，根抵当権設定者――正確には，根抵当不動産所有者――は，被担保債権の合計額が極度額を下回っているときは，現に存在する債務額とその後2年間に生ずべき利息・遅延損害金を加えた額にまで，極度額を減額することを請求できる。

❷ 根抵当権消滅請求権（398条の22） 確定根抵当権の被担保債権の合計額が極度額を上回っているときに，物上保証人，抵当不動産に所有権，地上権，永小作権あるいは第三者に対抗できる賃借権を取得した者は，極度額までの弁済をすれば根抵当権を消滅させることを請求できる権利である。本来，第三者弁済であっても，被担保債権額が極度額を上回っている場合には，被担保債権額全額を弁済しなければ根抵当権を消滅させることはできない。しかし，根抵当権者は極度額まで回収できれば満足すべきであるということで認められた制度である。なお，この消滅請求をする要件である極度額に相当する金額の払渡しまたは供託は，純粋の弁済ではないが，債務者は，その限りで債務を免れ，したがって，消滅請求した者から債務者に対して求償する結果となる。そこで，398条の22第1項後段が，「払渡し又は供託は，弁済の効力を有する」と定めた。

他方，債務者，保証人およびこれらの者の承継人は，債務全額について弁済する義務を負うので，根抵当権設定者である場合はもちろん，第三取得者になったとしても，根抵当権消滅請求権は認められない（398条の22第3項）。

6 共同根抵当権

普通抵当の場合とは異なり，根抵当にあっては累積共同根抵当が原則である。累積共同根抵当にあっては，根抵当権者は，それぞれの不動産について極度額まで配当を受けることができる。根抵当の場合に累積式を原則としたのは，根抵当にあっては，普通抵当とは異なり，取引の具合によっては，当初，考えていたよりも被担保債権額が最終的に大きくなる可能性があるからである。たとえば，債務者Sは，その所有にかかる甲不動産に根抵当権者Aのために，極度額3000万円の根抵当権を設定して，Aと取引していたが，取引が拡大して，3000万円では足りなくなったので，極度額を，あと，2000万円くらい増やしたい。この場合，被担保債権の範囲が同一で取引の量だけが増大することもあるし，被担保債権の範囲を拡大したい場合もある。しかし，いずれにせよ，乙不動産に2000万円の根抵当権を設定すると，Aは，甲不動産，乙不動産から，それぞれの極度額である3000万円，2000万円まで，合計5000万円の配当を受けることができる。甲不動産上の根抵当権と乙不動産上の根抵当権の被担保債権は，まったく同一である必要はなく，共通に担保されるものがあればいい。たとえば，甲不動産上の根抵当権の被担保債権の範囲は，AS間の家庭用電気器具の取引から生じた債権，乙不動産上のそれは，家庭用電気器具およびそれ以外の電気器具の取引から生じた債権という具合に。

この場合，甲不動産，乙不動産のどちらから配当を受けるかは，根抵当権者Aの選択による。たとえば，甲不動産から配当を受けても，乙不動産上の根抵当権の極度額は減らない。また，392条の適用はなく，後順位抵当権者は，共同根抵当権に代位することはないので，先順位根抵当権者が，どの不動産から先に配当を受けるかによって，損得が生ずる。したがって，共同根抵当の目的不動産について後順位抵当権を設定する場合には，極度額いっぱいまでの優先権を主張されるものと覚悟しなければならない。

しかし，根抵当権の場合であっても，累積式にならないもの（純粋共同根抵当権）――392条，393条の適用を受ける――を設定することも可能である。この場合には，法律関係の混乱を避けるために，同一の債権の担保として設定すること，および，設定と同時に，その旨の登記をすることが必要である（398条の16）。ここで，同一の債権の担保として設定するとは，共同根抵当権の被担保債権は，すべての根抵当権によって担保されていることを意味する。したがって，極度額は同じでなければならず，被担保債権の内容も同じでなければならない。純粋共同根抵当権にあっては，確定も同時にすべてについて生じる。たとえば，他の債権者が純粋共同根抵当権が設定されている不動産を1つでも差し押さえると，他の共同根抵当権も同時に確定する（398条の17第2項・398条の20第1項3号）。

第2章
質　権

第1節
はじめに

第2節
動産・不動産質

第3節
権利質

第*1*節　はじめに

質権とは，債権者が，その債権の担保として債務者または第三者から受け取った物を占有し，その物について他の債権者に先立って自己の債権の弁済を受ける権利である（342条）。たとえば，AがBに対して有する30万円の債権のために，Bが，Aに対して，質権の目的物としてダイヤの指輪を引き渡すと，Aは，この債権の弁済を受けるまで，その指輪を留置できるとともに，Bがお金を返さない場合には，それを競売手続で換価し，換価金から優先的にその債権を回収することができる。

質権は，抵当権と同様に，約定担保物権であるが，抵当権とは異なり，担保目的物が質権者に引き渡される占有型担保物権である。非占有型担保物権である抵当権にあっては，抵当権の公示のために，目的物は，登記・登録の可能な財産に限られる。これに対して，占有型担保物権である質権の場合には，そのような制約はなく，動産（352条以下），不動産（356条以下）さらに債権その他の財産権（362条以下　民法は「権利質」とよぶ）も，その目的とすることができる。

ところで，読者の皆さんは，冒頭に出した例を読むと，債権者として質屋を連想すると思う。しかし，質屋は正式には営業質屋とよばれ，それについては，質屋営業法という特別法が適用される。質屋営業法の条文の多くは，質屋営業に関する取締的な内容を有するものであるが，その中には質権の実体的な効力に関するものも含まれている。ただし，民法の質権との差は，そんなに大きくはない。その差については，**第*2*節2**(3)(ア)で説明することにする。

さて，不動産について，もっぱら利用される担保方法は，非占有型担保物権である抵当権であり（第1章参照），質権は，ほとんど利用されない。また，近年，消費者向けのローンの発展により，消費者金融の担い手は，質屋から消費者金融業者，信販会社，カード会社に移った結果，動産質も，以前ほど，利用されなくなった。現在，質権が最も利用されるのは，株式等の有価証券を目的とする権利質である。しかし，これらの権利質は，特別法が規定している（たとえば，会社146条以下，社債株式振替141条，手19条等）ので，本書では，権利質については，民法が定める債権質のみを扱う。

さらに，本書では，有体物を目的とする動産質，不動産質については，質権の本質を最もよく示している動産質について説明し，不動産質については，関連する箇所で，適宜，説明を補うことにする。というのは，不動産質は，不動産担保＝抵当権，動産担保＝質権という原則の例外をなすヌエ的な存在であり，質権の規定に加えて，抵当権に関する規定が適用されるからである。

なお，以下，質権一般のルールについては「質権」と，動産質にのみ関するルールについては「動産質」と書き分けることにするので，注意して，読んでほしい。

第*2*節　動産・不動産質

1　設　　定

(1)　目　的　物

第*1*節で述べたように，質権にあっては，抵当権とは異なり，その目的物を質権者に引き渡さなければならない（342条）。設定者は，目的物を取り上げられることによって苦痛を感じるので，それを逃れるために，「借りた金を返そう！」というモチベーションが上がるというわけである。この留置的効力，すなわち，債務者に心理的圧迫を加えて間接的に弁済を促すという働きが質権の本体的効力である。ただし，債権質では，占有の移転ということがないため，留置的効力はない。

さて，この留置的効力に焦点をあてると，質権は，交換価値をもたない物，譲り渡すことができない物でも，目的物にできそうである。しかし，343条は，「質権は，譲り渡すことができない物をその目的とすることができない」と規定している。このような規定が設けられた理由は，342条に「質権者は，……その物について他の債権者に先立って自己の債権の弁済を受ける権利を有する」とあるように，債務者が債務を履行しない場合には，目的物を換価して優先的な弁済を受けることができること——優先弁済効——も，質権の効力だからである。

しかし，実際問題として，「譲り渡すことができない物」とは何かと問われると，動産については，たとえば，あへん煙（刑136条以下），偽造・変造の通貨（刑148条以下）等あまり例がない。

なお，船舶，建設機械，自動車，航空機は，動産ではあるが，特別法によって，抵当権の設定が認められているので，質権の設定が禁じられている（商850条，建抵25条，自抵20条，航抵23条）。

(2)　目的物の引渡し

第1節で挙げたBが宝石を質に入れてAから30万円借りるという例は，法律的な表現をすると，AとBとの間で，まず，30万円の金銭消費貸借契約を締結し，ついで，この消費貸借契約によって生じたAのBに対する30万円の返還債権を被担保債権として質権設定契約を締結するということになる。ところで，抵当権の場合には，176条の意思主義に従い，抵当権者と設定者の間で抵当権設定契約を締結すれば，それによって，物権としての抵当権が成立する。これに対して，質権の場合には，そうはいかない。というのは，344条は，「質権の設定は，債権者にその目的物を引き渡すことによって，その効力を生ずる」と規定しているからである。すなわち，質権者と設定者との間で質権設定契約を締結しただけでは，物権としての質権は成立しない。設定者が質権者に目的物を引き渡して，はじめて，質権は成立する。なお，この点をとらえて，質権設定契約は要物契約であるといわれる。しかし，質権設定契約は，契約というレベルでは，目的物の引渡しがなくても有効に成立するので，質権者は，設定者に対して，目的物の引渡請求権を有する。

ところで，178条が定める動産物権変動の対抗要件である「引渡し」には，現実の引渡し（182条1項），簡易の引渡し（同条2項），占有改定（183条），指図による占有移転（184条）の4種類がある。では，344条の「引渡し」は，どうだろうか。345条が「質権者は，質権設定者に，自己に代わって質物の占有をさせることができない」と規定していることから，344条の「引渡し」には，現実の引渡し，簡易の引渡し，指図による占有移転は含まれるが，占有改定は含まれないことになる。すなわち，質権を設定するためには，目的物を質権者に引き渡さなければならず，かつ，占有改定ではだめだ，言葉を換えると，質権設定者に質物を引き続き預けておくことはだめだということになる。

345条が設けられた理由としては2つのことがいわれる。1つは，(1)で述べたように，債務者から質物を取り上げて，債務者に不自由な思いをさせることで，間接的に弁済を促すという質権の留置的効力を発揮させるためであり，もう1つは，公示のためである，と。しかし，不動産質は，登記によって公示されるので，公示のために引渡しを要求する必要はない。動産については，一般的な登記制度はないが，所有権については，占有改定も第三者対抗要件である引渡し（178条）として認められている。したがって，現在では，345条は，質権の留置的効力を発揮させるためと説かれている。

Column㉒　不動産質における引渡し

動産質の場合，その目的物の引渡しとは，設定者が質権者に目的物を渡して，質権者が，それを倉庫にしまっておくことである。これに対して，不動産質における引渡しとは，その不動産の使用・収益あるいは管理を質権者に任すことを意味する。たとえば，農地に質権を設定すると，農地の耕作者が設定者から質権者に代わることになる。

(3)　効力存続要件

(2)で述べたように，質権が成立するためには，質物を設定者から取り上げなければならない。それでは，その後，質物を設定者に返したら，一度は有効に成立した質権の効力は，どうなるのだろうか。

判例は，不動産質について，質権は，いったんは有効に成立した以上，後は，対抗の問題を生じるだけである。そして，不動産質権の対抗要件は登記（177条）だから，質権者に登記がある以上，第三者対抗力を伴った質権が有効に存続するとしている（大判大正5年12月25日民録22輯2509頁）。

この判例理論を動産に当てはめるとどうなるだろうか。たとえば，AがBに30万円貸すに際して質にとった宝石を，一度はBから引渡しを受けた後に，また，Bに返したら，質権の効力は，どうなるだろうか。動産質の対抗要件は，不動産質とは異なり，質物を継続して占有することである（352条）。したがって，動産質の場合には，質権は消滅しないが，対抗力を失うということになる。具体的にいうと，Aは，質権設定契約の当事者であるBに対しては，依然として，質権を主張できるが，第三者に対しては主張できない。たとえば，質権設定者Bの一般債権者Cが，この宝石を差し押さえた場合には，Aは，優先弁済権を主張できないことになる。

この問題は，結局のところ，質権の本質的な効力をどのように考えるかにかかってくる。(2)で述べたように，345条の立法理由を質権の留置的効力の貫徹に求めるとしたら，質物を設定者に戻せば，不動産質，動産質にかかわらず，質権は消滅すると考えるべきであろう。現在は，この考え方が多数説となっている。

Column㉓　不動産質の存続期間

不動産質は，その存続期間は10年を超えることができず，10年より長い期間を定めても，10年に短縮される（360条1項）。このような規定が置かれたのは，民法は，不動産は所有者が用益しないと十分に効率を上げることができないので，原則として，その所有者が用益すべきものであるとの立場に立っているからである。したがって，不動産質と同じく所有者でない者が現実に用益をする永小作権，買戻しについても，278条，580条にあるように，その存続期間に制限を加えている。

それでは，存続期間が満了したらどうなるだろうか。結論からいうと，質権は消滅してしまい，質権者である債権者には無担保債権となった被担保債権だけが残るということになる。というのは，**2**(3)(ア)で説明するように，民法は流質契約を禁止しているので（349条），存続期間満了時に，目的不動産を質権者に帰属させて，後は，被担保債権と目的不動産の価額を清算するということができないからである。

(4)　対抗要件

(3)で説明したように，不動産質の対抗要件は登記であり（177条），動産質の対抗要件は，質物の継続的占有である（352条）。

さて，353条は，「動産質権者は，質物の占有を奪われたときは，占有回収の訴えによってのみ，その質物を回復することができる」と規定している。たとえば，Aが，Bから質物として引渡しを受けた宝石を，Cに盗まれたとしよう。Aは，Cに対して，質権に基づく返還請求ができるか。

352条によると，動産質にあっては，質物を占有していない質権者は，質権を第三者に対抗することができない。したがって，質権者は，第三者に，質物を奪われたり，だまされて引き渡してしまっても，質権に基づく返還請求はできない。ただし，353条が，例外的に，奪われた場合について，占有回収の訴えを認めているというわけである。なお，このように動産質について，質権に基づく返還請求権が認められていないことについては，立法的批判が強い。

Column㉔　質権の二重設定

同一の物を2人の債権者に質入れすることは可能である。たとえば，AがBに預けているダイヤの指輪について，Bに預けたままで，まず，Cのために質権を設定し，次に，Dのために質権を設定するという具合に。この場合，質権設定に必要な引渡しは，指図による占有移転によって行われることは説明するまでもないであろう。

この場合，質権の優劣は，動産質の場合は，「設定の前後」(355条)，したがって，引渡しの前後により決定される。これに対して，不動産質の場合には，登記の前後により決定される(361条・373条)。

2　効　　力

(1)　被担保債権の範囲

質権の被担保債権の範囲は，広範である。すなわち，元金，利息，違約金，質権の実行の費用，債務不履行によって生じた損害賠償，質物の保存の費用および質物の隠れた瑕疵によって生じた損害賠償である(346条)。動産質の場合，抵当権における375条(第1章第*3*節**1**(1)参照)の適用がなく，346条の規定が，そのまま適用になる。動産質では，後順位担保権者が出現する可能性が少ないからである。

これに対して，不動産質の場合にも，346条が適用されるが，現実には，被担保債権の範囲は異なる。まず，民法は，不動産質の効力として，質権者による目的不動産の使用・収益を認めていることから（356条），不動産質権者は，原則として，利息を請求できない（358条）。ただし，これについては，利息を請求する旨の合意をすることは可能である（359条）。ただし，合意をした場合には，その合意は登記される必要があり（不登95条1項2号・3号），登記をしても，抵当権における375条が適用され，優先弁済の範囲は，利息，損害金を合わせて2年分に限定される（361条・375条）。不動産の場合には，動産とは異なり，後順位担保権者が出現する可能性が高いからである。

(2)　目的物の範囲

質権は，所有権の及ぶ付合物および設定時の従物（87条2項）に効力が及ぶ。ただし，後者については，質権者に引き渡されていることが必要である。

また，質権については，留置権の規定が準用されるので，質権者には，優先弁済を得る方法の一つとして，果実を収取し弁済に充当することが認められている（350条・297条）。果実は，まず利息に充当され，なお残余があるときは元本に充当される（297条2項）。ただし，動産質では，質権者は，留置権者と同様に，設定者の承諾を得ないで目的物を賃貸することはできないので（350条・298条），果実が生じる事態はあまり考えられない。

しかし，不動産質については，361条により，抵当権に関する370条が準用される。さらに，動産質とは異なり，質権者による目的不動産の使用・収益が認められているので（356条），350条が準用している297条が適用されることはない。また，371条の準用の必要はなく，質権者は，天然果実を収取し，また，第三者に賃貸して自ら法定果実である賃料を収取することもできる。

(3)　優先弁済的効力

(ア)　流質契約の禁止と簡易な換価方法

質権者は，目的物から，自己の債権について優先弁済を受けることができる（342条）。ところで，皆さんは，ブランド品や宝石について「質流れ品大バーゲン」という広告をみたことがないだろうか。**第1節**で述べた営業質屋に質入れをした場合，弁済期日までに元利金を払わないと，質物は流れてしまい，その後に元利金をもっていっても，目的物は返してもらえない。そのことを質屋営業法18条1項は，「質屋は，流質期限を経過した時において，その質物の所有権を取得する」と規定している。すなわち，営業質屋では，特約をしなくても，当然，流質的な効力を生じる。

これに対して，民法では，流質契約は禁止されている（349条）。同条によれば，質権設定時またはそれ以降であっても弁済期到来前に，質権者に弁済として質物の所有権を取得させるとか，法律に定めた方法によらないで質物を処分させる契約は無効である。

流質契約の禁止は，融資を得ようとせっぱつまった設定者側，特に債務者が高価なものをわずかな債務のために失うことを防ぐ趣旨に出たものである。弁済期が到来した後は，債務者は，改めて利害得失を考えて，質の目的物が高価なときは何とかして元利金を調達して弁済するだろうし，そうでなくても，清算することを承知しなければ，利息は増加するかもしれないが，目的物を取り上げられることはない。したがって，設定者保護のためには，弁済期前の流質契約を禁止すれば足りるということになる。

このように，民法が流質契約を禁止しているのは，質権設定当事者間の経済的地位に不均衡があるからである。営業質屋について流質を認めたのは，許可制をはじめとする監督規定を置くことによって，設定者を保護しているからである。また，商法515条は，商行為によって生じた債務を担保するために設定される質権については，流質契約を認めている。これは，商人間の取引あるいは商行為においては，質権設定当事者間の経済的地位がそれほど隔絶していないからである。

流質契約が禁止された結果，質権者が目的物から優先弁済を受けるためには，競売によらなければならない。しかし，動産質の目的物をひとつひとつ競売することは，相当，面倒なことであり，費用倒れになるおそれがある。そこで，民法は簡易な換価方法を認めた（354条）。同条によれば，質権者は，競売をしていては費用倒れになるなど正当な理由があるときは，裁判所に鑑定人を選んでもらい，その評価に従って，目的物を弁済に充てることができる（非訟93条・94条1項・2項）。簡易な換価方法が認められた趣旨から，この方法は，不動産質では認められない。

（イ） 競　　売

❶ 動産質　　質権者は，「執行官に対し当該動産を提出」することにより，自らのイニシアティブで，競売を開始できる（民執190条1項1号）。目的物所有者に対する他の債権者は，質権者が執行官に任意に目的物を提出するか，あるいは，差押えを承諾したときには，目的物を差し押さえることができる。この場合には，質権者は，質権の存在を証する文書を提出して，配当要求ができる（民執133条）。

設定者について破産手続，民事再生手続が開始した場合には，質権者は別除権を有する（破2条9項，民再53条）。設定者について会社更生手続が開始した場合には，質権者は，更生担保権者となる（会更2条10項）。

❷ 不動産質　　不動産質権者は，民事執行法上，優先弁済を受ける方法として，競売あるいは担保不動産収益執行を選択できる（第1章第*2*節**3**参照）。競売，担保不動産収益執行手続の詳細については，民事執行法で学んでほしいが，ひとつだけ説明しておくことにする。

❶で述べたように，動産質にあっては，設定者の他の債権者が質物を差し押さえるのは，なかなか厄介だが，不動産の場合は，差押えは登記によって行われるので，不動産質の設定者の他の債権者が不動産質の目的不動産を競売するのは容易である。この場合，登記された質権を有する債権者は，自動的に配当を受ける（民執87条1項4号）。ただし，最先順位にあり，かつ，使用収益をしない定めのない質権は，他の債権者による競売があっても消滅しない。たとえば，Bが，自分の不動産の上に，Aのために不動産質権を設定した。Bの一般債権者Cは，この不動産を差し押さえて競売し，Dが買受人になったとする。買受人のDは，代金を払うと所有権者になるが，質権者Aに対しては，「自分は所有権者だから，自分に，この不動産を引き渡せ！」とはいえない。というのは，347条にあるように，質権者は，被担保債権の弁済を受けるまでは，質物を留置することができる。言い換えると，Dは，Aに被担保債権を払わないと，引渡しを受けることができないからである。民事執行法も，59条4項において，Dは，被担保債権を弁済する「責めに任ずる」と規定している。そこで，Dは，買受代金を決めるときに，不動産価格からAの被担保債権額を差し引いた額にすればよいことになる。

(4) 転　質

(ア) 転質とは？

図2-1

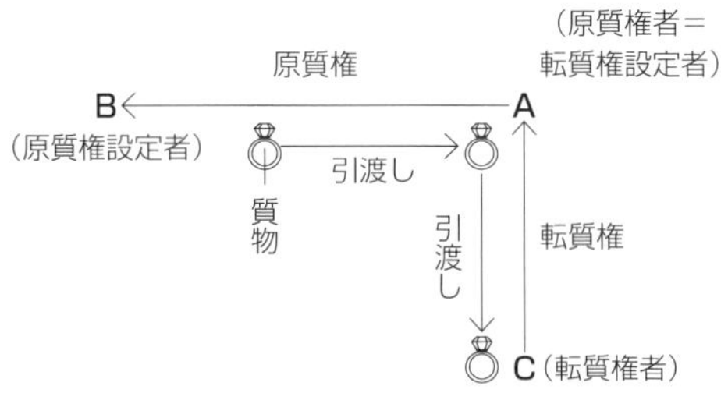

348条によれば，「質権者は，その権利の存続期間内において，自己の責任で，質物について，転質をすることができる」と規定している。348条は，留置権者が留置物を担保に入れる場合（298条）とは異なり，質権者は，質権設定者の承諾を得ないで質物を質に入れることができるとしている。たとえば，Bが，Aから，100万円を借りて，ダイヤの指輪を質に入れた。Aは，そのダイヤの指輪をCに対する80万円の自分の借金の担保として，Cに質に入れるという具合に（〔図2-1〕）。ただし，ここで気を付けなければならないのは，Aは，質入れに際して，転質であること，すなわち，質入れしたダイヤの指輪は，自分が借金の形にとった質物であることを明らかにしなければならない。質権者が，質物を自己の所有物だと偽って，第三者のために質権を設定した場合には，質権の即時取得（192条）が問題となるにとどまり，転質権は成立しない。

転質は，転抵当（第1章第**6**節**1**参照）と同じく，原質権者Aが，自分の債権を回収する前に，自分の留置する質物を担保として利用して第三者から融資を受けようとする場合に利用できる制度である。348条が定める転質は，その設定に際して原質権設定者Bの承諾を要しないことから，責任転質とよばれる。

責任転質にあっては，原質権者＝転質権設定者は，「転質をしたことによって生じた損失については，不可抗力によるものであっても」，その責任を負わなければならない（348条）。たとえば，AがCに転質をしたばっかりに質物のダイヤの指輪が盗まれてしまったとしよう。ダイヤの指輪を盗んだのは天才的怪盗であり，かつ，盗まれたのは大災害の真っ最中であり，ダイヤの指輪が盗まれたことについて，いかなる意味でも，Aに故意・過失がなくても，Aは責任を負わなければならない。なお，原質権設定者の承諾がある転質は承諾転質とよばれる。承諾転質の効力は契約によって定まる。

（イ）　法的性質

転質の法的性質については，質物を被担保債権と切り離して再度質入れするという考え方（質物質入説）と質権と被担保債権を共同して質入れするという考え方（共同質入説）が対立している。しかし，被担保債権の上に質権を設定すれば，担保物権の随伴性によって，原質権も，被担保債権上のCの質権によって拘束されるので，転質の法的性質について共同質入説をとる場合には，348条によって特別に規定する必要はないということになる。したがって，民法が，わざわざ転質という制度を認めている以上，その法的性質については，質物質入説をとるべきであろう。現在，通説もこの考え方によっている。

質物質入説によれば，転質は質物を再度質入れするわけであるから，転質権は，原質権者Aと転質権者Cとの合意およびAからCへの質物の引渡しによって設定される。しかし，転質は，原質の把握した担保価値を質にとるもの，〔図2-1〕に即していえば，Aが100万円の債権に基づいて把握したダイヤの指輪の担保価値のうち80万円について，Cがさらに優先的に把握するものである。すなわち，Cの転質権は，Aの原質権の存在を前提にしている。したがって，転質は被担保債権と切り離して質物を再度質入れする制度ととらえても，転質において原質権の被担保債権の存在を無視することはできない。確かに，質物は被担保債権と切り離して質入れされている以上，Aの原質権の被担保債権は，Cの転質権の目的とはならない――Cは，原質権の被担保債権であるAのBに対する債権を行使することはできない――が，原質権を維持する要件となるという意味では，間接に転質権の拘束を受けると解すべきである。したがって，原質権者Aは，原質権の被担保債権の取立て，相殺，免除等，被担保債権を消滅させる行為をしてはならない。なぜならば，それらは，自身が設定した転質権の基礎となっている原質権を消滅させる行為だからである。

（ウ）　原質権と転質権の関係

〔図2-1〕で，AのBに対する原質権の被担保債権の弁済期は，2020年5月

10日だとすると，Aが転質した80万円の被担保債権の弁済期は，どのようにするのが適当だろうか。

まず，転質権の被担保債権の弁済期が原質権の被担保債権の弁済期よりも前に来るようにしておけば問題はない。というのは，この場合，Aは，5月10日より前に，転質権の被担保債権をCに弁済して，ダイヤの指輪を自分の手元に置いておくことが可能だからである。では，逆に，転質権の被担保債権の弁済期の方が後に到来するときは，どうなるだろうか。この場合，原質権の設定者であるBは，弁済期である5月10日になったら，原質権の被担保債権の元利金を供託することができる。供託によって，ダイヤの指輪の上の転質権は消滅し，転質権は，供託金還付請求権上に移行すると考えればよい。したがって，原質権と転質権の被担保債権の弁済期の先後関係は問題とならない。

また，原質権の被担保債権の額と転質権の被担保債権の額の大小も問題とならない。というのは，(イ)で述べたように，転質権は原質権を前提とするものである以上，原質権が把握している以上の価値を把握することはできない。したがって，いくら，転質権の被担保債権の額が原質権の被担保債権の額より大きくても，転質権者Cが優先弁済を受けられるのは，原質権の被担保債権額を限度とするからである。

(エ)　原質権設定者の地位

(イ)で述べたように，転質によって，原質権の被担保債権は間接にその拘束を受ける。では，転質されたことを知らないで，BがAに弁済した場合は，どうなるのだろうか。転質によって，Aは，原質権の被担保債権の弁済を受ける権限がなくなるので，Bの弁済は，効力を生じないことになる。しかし，それでは，Bが損失を被る。そこで，転抵当に関する377条が転質に類推適用される（第1章第**6**節**1**(1)参照)。すなわち，転質をAからBに通知するか，Bが承諾しなければ，Cが転質権を取得したことをBに対抗することができない。したがって，通知・承諾を経ていないBが，Aに弁済し，Aがそれを受領すれば，転質権の前提となっている原質権は消滅し，転質権も消滅することになる。

3　消　　滅

質権は，物権あるいは担保物権一般の消滅原因によって消滅する。また，留置権に関する298条3項の準用によって消滅することもある（350条）。また，**1**(3)で述べたように，質権者が目的物を設定者に任意に返還した場合にも消滅する。

それに加えて，不動産質の場合には，その存続期間が経過すれば消滅し，また，抵当権の規定が準用される結果（361条），代価弁済（378条）と消滅請求（379条）によっても消滅する。

第3節　権　利　質

1　意　　義

権利質とは，「財産権」を目的とする質権のことである（362条）。権利質の目的は，債権，有価証券，知的財産権，地上権，永小作権，賃借権，ゴルフ会員権等多岐にわたる。しかし，**第1節**で述べたように，特別法の中で，それぞれの財産権に応じた特別規定が置かれていることも少なくない。たとえば，株式，手形，特許権，著作権等である。民法では，債権（改正前は指名債権とよんでいたもの）を目的とする債権質に関する規定が置かれている。以下では，債権質を中心に説明する。

Column㉕　「指名債権」から「債権」へ

本文にあるように，「指名債権」という用語は，改正法から消えた。なぜだろうか。

「指名債権」とは，債権者が特定されていて，債権の成立・譲渡のために証書の作成・交付を必要としない債権のことを指す。改正前は，469条以下に証券的債権である「指図債権」「記名式所持人払債権」「無記名債権」についての規定がおかれていた。そこで，これらの債権と区別するために，「指名債権」という用語が用いられていた。しかし，これら証券的債権についての規定は，有価証券法理が確立する前のものだったために，内容が極めて不備で，実用性を失っていた。そこで，改正法は，証券的債権の規定をすべて削除し，520条の2以下に，有価証券についての原則的規定をおいた。これにより，民法で規定する債権は，すべて「指名債権」となったために，「指名債権」という用語を置いておく意味がなくなったというわけである。

なお，改正前は，365条に指図債権を目的とする質権の対抗要件に関する規定がおかれていたが，改正法では，520条の2以下に，質入れに関する規定（改正520条の7・520条の17・520条の19・520条の20）がおかれた。

2　設　　定

動産質・不動産質と同じく，譲渡可能なものでなければならない（343条）。債権は，原則として，譲渡性がある（466条1項本文）が，たとえば，自分の肖像画を描いてもらう債権のように，性質上，譲渡できないものもあるし，また，たとえば，扶養請求権のように（881条），法律上，譲渡性が認められない債権もある（たとえば，健保61条，恩給11条1項，労基83条2項等）。これらには，質権の設定は認められない。

さて，債権は，有体物ではないから，それ自体の引渡しは観念できない。債権の証書があるときも，証書の交付は，権利移転の必要要件ではない。したがって，動産質・不動産質とは異なり，債権質にあっては，証書の引渡しは，質権の効力発生要件ではない。

Column㉖　債権譲渡禁止特約と債権譲渡制限特約

改正前においては，当事者の譲渡禁止特約（改正前466条2項）は物権的効力があると解釈されていた。そこで，譲渡禁止特約付債権は譲渡が認められず，質権の設定は認められないとされていた。ただし，特約に反して質権が設定された場合であっても，改正前466条1項但書により，相手方が特約について善意である場合には，質権の設定が認められていた。

しかし，改正466条2項は，「当事者が債権の譲渡を禁止し，又は制限する旨の意思表示（以下「譲渡制限の意思表示」という。）をしたときであっても，債権の譲渡は，その効力を妨げられない。」と規定しており，改正法下では，預貯金債権を除いて（改正466条の5第1項），譲渡制限特約付の債権であっても質権の設定が認められることになった。ただし，債務者は，譲渡制限特約について悪意，善意重過失の質権者に対しては，質権の実行を拒むことができる（改正466条3項）が，詳細は，債権総論で学んでほしい。

3　対抗要件

債権質の対抗要件は，以下のとおりである。

図2-2

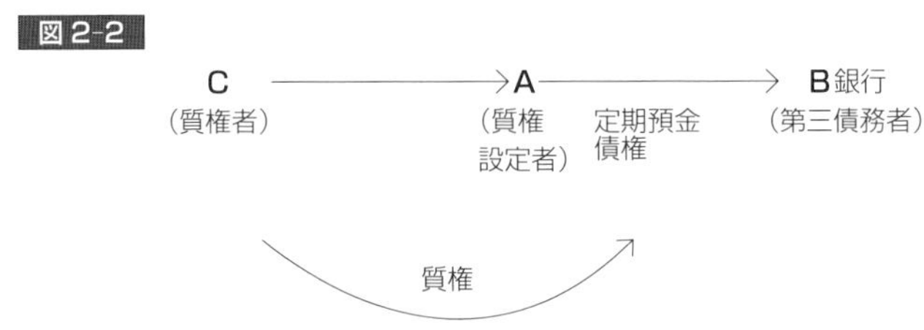

今，AがB銀行に対する預金債権をCに質入れしたとする（〔図2-2〕）。その場合の対抗要件は，Aが，B銀行に対する預金債権をCに譲渡した場合の対抗要件（467条）と同じである（364条）。債権質の場合には債権者・債務者のペアーが2つできてややこしいので，以下，B銀行のように質入れされた債権の債務者を第三債務者という。詳しくは，債権譲渡の箇所で学んでほしいが，467条について，簡単に説明しておく。

債権譲渡は，債務者の意思とは無関係に，譲渡人・譲受人間の契約によって行われ，それによって，債権は，譲渡人から譲受人に移転する。しかし，それでは，債務者としては，債権者が誰か知ることができず，二重払いを強いられる危険がある。そこで，民法は，467条1項をもって，債務者が，債権譲渡の事実を確実に知っておく状態にするために，債務者に対する対抗要件として通知・承諾を定めている。さて，467条1項によれば，通知・承諾は，たとえば，債権者からの二重譲受人のように債務者以外の第三者（以下「第三者」という）に対する対抗要件でもある。しかし，第三者に対する対抗要件は，債務者に対する対抗要件とは異なり，通常の物の譲渡における対抗要件と同じく，譲渡された債権の帰属を決定する意味を有する。そして，467条2項によれば，第三者に対する対抗要件は，単なる通知・承諾では足りず，確定日付のある証書で行わなければならない。これは，債務者と債権者・譲受人が通謀して，対抗要件具備の日付を遡らせ，他の第三者の権利を害することを防止するためである。

以上のことは，質権設定の対抗要件についても準用になる。すなわち，Cは，第三債務者であるB銀行に対して，質入れを対抗するためには，AによるB銀行に対する預金債権をCに質入れしたという通知あるいはB銀行による承諾が必要になる。また，第三者――たとえば，Aから二重に質権の設定を受けたDやAから同じ預金債権の譲渡を受けたE――に対してCが質入れを対抗するためには，確定日付ある証書による通知・承諾が必要になる。

なお，現在では，「動産及び債権の譲渡の対抗要件に関する民法の特例等に関する法律」に基づいて，債権譲渡登記ファイルへの登記によって第三者対抗要件を具備することもできる（動産債権譲渡特14条）（第4章第*3*節**3**(3)(ウ)参照）。

4　効力の及ぶ範囲

質入れされた債権が利息付きの場合，質権の効力は，基本権たる利息債権に及ぶ（87条2項の類推適用）。質権設定後，実際に発生した利息債権（支分権たる利息債権）は果実として処理される（第*2*節**2**(2)参照）。

優先弁済を受けることができる被担保債権の範囲については，第*2*節**2**(1)を参照してほしい。

5　実行前の効力

(1)　質権設定者の受ける拘束

たとえば，AがB銀行に対してもっている定期預金債権をCに質入れした場合（〔図2-2〕），満期日が到来したからといって，Aは，預金債権を払い戻すことはできない。常識的に考えても，質に入れておきながら，その払戻しを受けて，質の目的物が空っぽになってしまってはいけない。このように，質権設定者であるAは，取立て，相殺，免除，放棄等，質入れした債権を消滅，変更させる処分をすることはできない。質権設定者は，質権の目的である債権の担保価値を維持すべき義務を負っているからである（最判平成18年12月21日民集60巻10号3964頁）。ただし，質権設定者は，質入債権の取立てはできないが，催告（改正150条）等，時効の完成猶予のための権利行使をすることは許される。というよりも，むしろ，しなければならない。

なお，質権設定者は，質入債権を譲渡することはできるが，質権者が第三者対抗要件を具備していれば，譲受人は，設定者と同様な拘束を受ける。

(2)　第三債務者の受ける拘束

〔図2-2〕で，定期預金の満期が到来したからといって，B銀行は，Aに預金を払い戻すことはできない。明文の規定はないが，481条の類推適用によって，たとえ，Aに弁済しても，この弁済は質権者であるCには対抗できないと解されている。481条は，〔図2-2〕に即していえば，Aの債権者CがAのB銀行に対する定期預金債権を差し押さえた場合の規定である。詳細は債権総論で学んでほしいが，結論だけ述べると，481条は，債権の差押えを受けたB銀行（第三債務者）は，自身の債権者であるAに弁済しても，その弁済は差押債権者であるCに対して対抗できないので，もう一度，Cに弁済しなければならないという規定である。

しかし，質入債権の弁済期が到来したにもかかわらず，質権者であるCが，質権の実行をしないために，B銀行が，いつまでも債務を免れることができないというのでは具合が悪い。この場合，B銀行は，弁済の目的物を供託して，債務を免れることができると解されている。改正494条1項2号の「債権者が弁済を受領することができないとき」に該当するわけである。この場合，質権は供託物還付請求権の上に存続する（366条3項）。

また，B銀行（第三債務者）は，Aに対する貸付債権を自働債権，Cのために質権が設定された定期預金債権を受働債権とする相殺ができるかという問題もある。B銀行は，質権設定の対抗要件具備前に取得していた債権を自働債権とする相殺ができるが，原則として，質権設定の対抗要件具備後にAに対して取得した債権を自働債権とする相殺をしても，相殺を質権者に対抗することはできない（大判大正5年9月5日民録22輯1670頁）（改正469条1項）。なお，改正法469条2項は，債権譲渡の対抗要件具備後に取得した債権についても，一定の要件の下で，債務者による相殺を認めているが，詳細は債権総論に譲る。

6 実　　行

債権質においては，質権者が優先弁済を受ける方法は2つある。1つは債権の直接取立て（366条）であり，もう1つは民事執行法による担保権の実行である（民執193条）。なお，**4**で述べたように，目的債権の果実である利息については，質権者は利息を取り立て，元本に充当できる（350条による297条の準用）。

(1)　質権者による債権の直接取立て

366条1項によると，質権者Cは，B銀行から直接に定期預金の払戻しを受けて，それを被担保債権の弁済に充てることができる。そして，同条2項によれば，債権の目的物が金銭であるときは，質権者Cは被担保債権額に相当する部分に限って取り立てることができる。たとえば，被担保債権額は80万円，質入れされた定期預金債権は100万円だった場合，Cは，80万円に限って取り立てることができる。

ところで，Cは，AのB銀行に対する弁済期が到来しても，被担保債権であるAに対する債権の弁済期が未到来の場合には，自ら，B銀行から取り立てるわけにはいかない。この場合，366条3項によれば，Cは，B銀行に対して，弁済金額を供託させることができ，Cは，供託金還付請求権の上に質権を有することになる。

(2)　民事執行法による担保権の実行

質権者は，民事執行法に基づき目的債権につき担保権の実行手続をとることもできる（民執193条）。

第3章
その他の典型担保

第1節
留置権

第2節
先取特権

第1節 留置権

1 はじめに

295条1項本文によれば，留置権とは，他人の物の占有者がその物に関して生じた債権を有する場合に，その債権の弁済を受けるまで，その物を留置することができる権利である。たとえば，私が時計屋さんに腕時計の修理を頼んだとしよう。修理ができたとの連絡を受けて，時計屋さんに行った私は，あわてて家を飛び出したために，家に財布を忘れてきてしまった。せっかく出かけてきたので，「修理代金は後でもってくるから，今，腕時計を渡してくれませんか？」という私の頼みに対して，時計屋さんには，「修理代金を支払ってもらうまでは，腕時計は，あなたには渡さない！」という権利が認められるというわけである。今の例では，「他人の物」は腕時計，「占有者」は時計屋さん，そして，「その物に関して生じた債権」は修理代金債権ということになる。

この留置権は，一定の要件が満たされていれば当然に発生する法定担保物権であり，公平の原則から認められたものであるといわれる。すなわち，今，挙げた例に即していえば，時計屋さんは修理代金も払わない私からの引渡請求を拒めないとしては公平に反するということは，誰もが直感的に感じることだろう。そして，この留置権によって，私は，修理代金を支払うまでは腕時計を返してもらえないので，間接的に修理代金の弁済が強制されることになる。

ところで，今の例では，私と時計屋さんの間には双務契約である腕時計修理契約（請負契約）がある。そこで，時計屋さんは，私への腕時計の引渡しを，同時履行の抗弁権（533条）を理由として拒むこともできる。すると，留置権と同時履行の抗弁権の間には，両者の要件をともに満たす場合には，両者ともに発生するのか，あるいは，一方しか発生しないのかという競合問題がでてくる。通説は，競合を認める（請求権競合説）が，競合を認めない考え方（非競合説）も少数説として存在する。

2　成立要件

留置権が成立するためには，295条の定める4つの要件，すなわち，①「他人の物」を占有していること，②「その物に関して生じた債権」を有すること，③債権が弁済期にあること，④占有が不法行為によって始まったのではないことを満たさなければならない。

(1)　「他人の物」を「占有」していること

(ア)　他人の物

295条1項本文は，留置権の目的物を「他人の物」としている。「他人の物」は，動産でも不動産でもよいことに異論はない。債権者が自分の物を留置したところで弁済を促す意味はないので，債権者の物でない，すなわち，「他人の物」であることは必要である。しかし，「他人の物」であれば，債務者所有の物でなくてもよいかが問題となる。たとえば，AがXから借りている腕時計の修理をYに依頼した場合，YがAに対する修理代金債権を被担保債権として，X所有の腕時計に留置権を取得するかという問題である（〔図3-1〕）。

図3-1

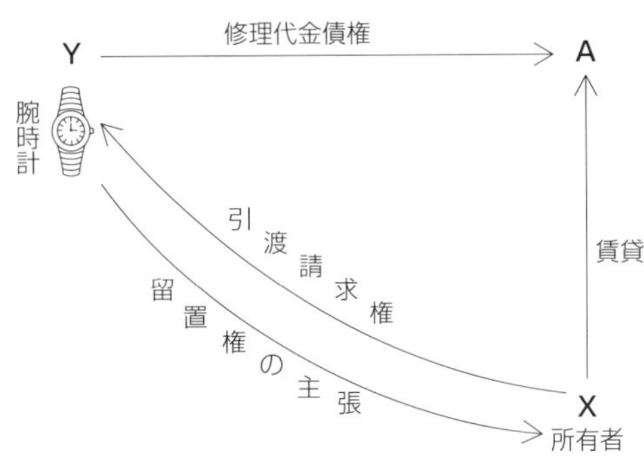

また，Aが，Xのボールを勝手に持ち出して遊んでいたところ，誤ってYの家に投げ込んでしまい，Yの家の窓ガラスを割ってしまった。この場合，YがAに対する不法行為に基づく損害賠償請求権を被担保債権として，X所有

のボールに留置権を取得するかという問題である（〔図3-2〕）。

図3-2

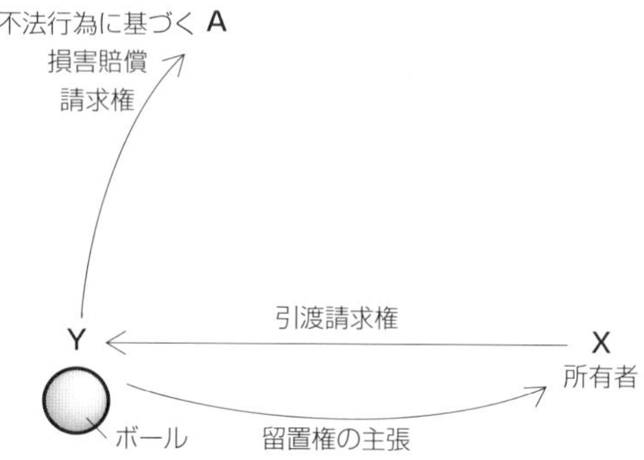

通説は肯定するが，反対説もある。債務者所有の物でなくてもよいということは，債務者ではない所有者は，目的物の引渡しを求めるために第三者弁済を強いられることを意味する。そこで，所有者である第三者の犠牲において債権者を保護するのはかえって公平に反するという理由である。しかし，295条は，商人間の留置権（商521条）とは異なり，留置権の成立要件として物に関して生じた債権であることを要求する一方，債務者所有の物であることを必要とする旨，明言していない。このことは，民法は，物に関して生じた債権であれば，債務者所有の物でなくても留置権は成立するとの立場をとったと解すべきであろう。

Column㉗　留置権の目的物が第三者に譲渡された場合

〔図3-1〕の事例で，YがAの所有にかかる腕時計についてAに対して修理代金債権を取得した後に，XがAから腕時計を譲り受けた場合，Yは，Xに対して，留置権を主張して，当該修理代金を支払ってもらうまで，腕時計の引渡しを拒絶できるかという問題がある〔図3-3〕。

しかし，この問題を，本文で述べた「他人の物」であれば，債務者所有の物でなくても留置権が成立するかという問題と混同してはならない。この場合，XがAから腕時計を譲り受けた時点において，すでに，留置権は成立

図3-3

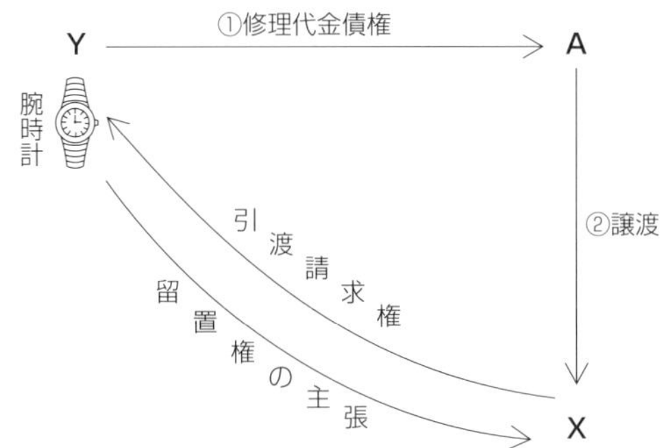

している。すなわち，ここでは，債権者であるYは，債務者であるAの所有にかかる物の上に成立した留置権を，第三者であるXに対抗できるかということが問題となっている。そして，留置権は物権であるので，Yは，第三者であるXに留置権を対抗できる。なお，いわずもがなではあるが，この場合，XYの間には契約関係はないので，Yは，Xに対して，同時履行の抗弁権は主張できない。なお，これは，〔図3-1〕，〔図3-2〕のXYにあっても同様である。

（イ）　占有が不法行為によって始まったのでないこと

295条2項は，占有が不法行為によって始まった場合には，留置権は成立しないと規定している。たとえば，自転車泥棒が，盗んだ自転車を修理し，所有者に対して，必要費あるいは有益費償還請求権を取得したとして（196条）も，これらの請求権を被担保債権として留置権を取得することは認められない。もし認めると留置権の趣旨である公平の原則に反することになるので，当然といえよう。

ところで，295条2項は，占有が不法行為によって「始まった場合」と定めている。それに対して，適法に占有を開始した者が，その後，無権原占有者となった後に，占有物に関して債権を取得することがある。たとえば，家屋の賃借人が，賃貸借契約が終了して無権原占有者になった段階で，家屋に必要費あるいは有益費を支出して，必要費あるいは有益費償還請求権を取得したような場合である（196条）。この場合，賃借人，正確には元賃借人は，これらの費用償還請求権を被担保債権とする留置権を主張して，賃貸人，正確には元賃貸人からの明渡請求を拒めるかが問題となる。

この場合，留置権の成立は認めるべきではない。というのは，賃貸借契約が終了した以上，賃借人は，即時に，家屋から退去すべきものである。それにもかかわらず，居座っている間に債権を取得したからといって明渡しを拒絶できるようになるのは妥当ではないからである。そこで，判例は，295条2項を類推適用し，債権者が，債権取得時に，占有権限を失っていることについて善意・無過失でない限り，留置権は認められないとする（最判昭和51年6月17日民集30巻6号616頁）。

Column㉘　196条2項但書適用説

この場合，留置権の成立を否定する根拠を196条2項但書に求める学説も有力に主張されている。196条2項は，無権原占有者が占有物を所有者に返還するに際しての所有者に対する有益費償還請求権について定めており，その但書によれば，裁判所は，所有者の悪意者に対する償還義務の履行については，相当の期限の猶予を与える，要するに，弁済期を先延ばしにすることができると定める。(3)で述べるように，留置権が成立するためには債権が弁済期にあることが必要である。すると，裁判所が有益費償還義務の履行期を先延ばしにした場合には，無権原占有者には，有益費償還請求権を被担保債権とする留置権は成立しないことになる。そこで，この学説は，196条2項但書は，悪意占有者の有益費償還請求権について留置権を否定する趣旨で設けられたものであると主張し，結論としては，必要費償還請求権については，常に，留置権の成立が認められるが，有益費償還請求権については，裁判所が，弁済期を先延ばしにした場合に限って，留置権が成立しないとする。しかし，196条2項但書は，有益費償還請求権の発生について規定しているだけで，それを被担保債権とする留置権の成否まで射程に置いた規定であるかは，すこぶる疑問である。

(2) 「その物に関して生じた債権」を有すること

「物と債権の牽連関係」といわれる問題である。留置権の成立要件の中心問題をなし，非常な難問である。

旧民法債権担保編 92 条は，物の占有者の有する債権が「其物ノ譲渡ニ因リ或ハ其物ノ保存ノ費用ニ因リ或ハ其物ヨリ生シタル損害賠償ニ因リテ其物ニ関シ又ハ其占有ニ牽連シテ生シタルトキ」と規定していたが，現行民法は，これを網羅的にしようとして「その物に関して生じた債権」という文言にしたといわれる（295 条 1 項）。しかし，「その物に関して生じた債権」という言葉は，きわめて抽象的でとらえどころがないため，その意味するところは明らかではない。そこで，学説は，これを具体化して，①債権が物自体から生じたものであること，②債権が物の返還請求権と同一の法律関係または生活関係から生じたものであること，という 2 つの基準を挙げる。

❶ 債権が物自体から生じたものであること　たとえば，他人の物の占有者が，その物に，有益な費用を投下してその物の価値を高めたとか，必要費をかけてその物の価値を保存したという理由に基づいて，費用償還請求権（196 条）をもっている場合が適例である。

また，反対に，たとえば，物の受寄者が寄託物の性質または瑕疵から生じた損害の賠償を寄託者に請求できる場合（661 条）のように，その物の瑕疵によって占有者が被った損害についての損害賠償請求権も，その例である。あるいは，〔図 3-2〕にあるように，ボールを打ち込まれて窓ガラスを壊された家の者のボールを打ち込んだ者に対する損害賠償請求権も，その例として挙げることができる。

これらの場合には，比喩的にいえば，その物自体が，占有者から受けた費用を償還したり，他人に加えた損害を賠償する責任を負っているようなものである。そこで，それらが弁済されるまでは，その物は「人質（ひとじち）」ならぬ「物質（ものじち）」として，占有者の占有下に置かれるというわけである。

❷ 債権が物の返還請求権と同一の法律関係または生活関係から生じたものであること　たとえば，A が自分の物を B に売った場合には，売買契約という同一の法律関係から，一方では売買代金債権，他方では目的物の引渡請求権が発生している。この場合，「売買代金を支払ってもらえない限り，目的

物は渡さない！」として，Ａに留置権を認めることが妥当である。**1**で述べた時計屋さんの修理代金債権の例も同様である。すなわち，請負契約である時計修理契約という同一の法律関係から，一方では修理代金債権が，他方では目的物返還請求債権が発生している。ただし，この場合は，❶基準にも当てはまる。また，教科書設例でよく挙げられるのが，同じ場所で傘を取り違えて帰ったＡとＢの関係である。この場合，ＡとＢは，相手に対して自分の傘を返してくれと請求することができるが，両方とも，自分の傘を返してもらうまでは，相手の傘を返さないということができる。この場合，傘を取り違えるという事実は，法律関係ではないので，同一の「生活関係」と説明するわけである。

Column㉙　基準の道具概念としての有用性

以下に例を挙げるように，❷基準では，留置権の成否の判断が困難な事例がある。

(a)　Ａが甲不動産をXYに二重譲渡して，Ｙが先に引渡しを受けたが，Ｘが登記を得た。すなわち，ＡのＸに対する移転登記により，ＡのＹに対する甲不動産の所有権移転債務は履行不能となり，Ｙは，Ａに対して，損害賠償請求権を取得する一方で，Ｘは，Ｙに対して，甲不動産について所有権に基づく引渡請求権を取得するに至った（〔図3-4〕）。

そこで，Ｘから甲不動産の引渡しを請求されたＹは，Ａに対する損害賠償請求権は，甲不動産の返還請求権と同一の法律関係または生活関係から生じたものであり，したがって，物（甲不動産）と牽連関係があるとして，留置権を主張し，Ｘへの甲不動産の引渡しを拒んだ。これに対して，最判昭和43年11月21日民集22巻12号2765頁は，ＹのＡに対する損害賠償請求権は「その物自体を目的とする債権がその態様を変じたものであり，このような債権はその物に関し生じた債権とはいえない」として牽連関係を否定した。

(b)　真実はＸの所有である乙不動産について，何らかの理由でＡを所有者とする登記がなされていたために，Ａは，乙不動産を自己の物としてＹに売却し，引渡しを終えたとする。Ｘが所有権を主張して，Ｙに対して，目的物の返還を請求するのに対して，Ｙは，Ａに対する損害賠償請求権を被担保債権として留置権を主張した（〔図3-5〕）。

図3-4

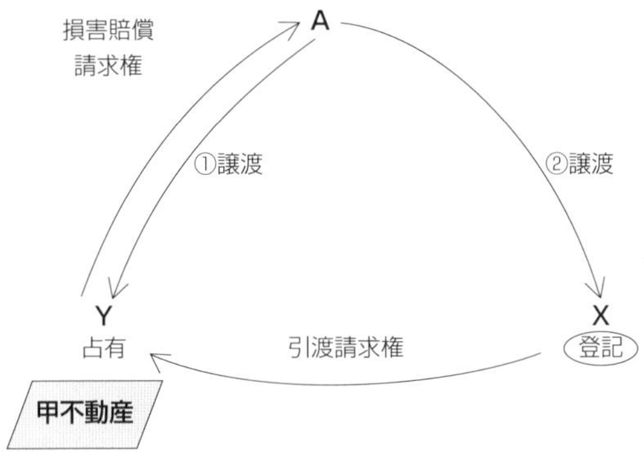

図3-5

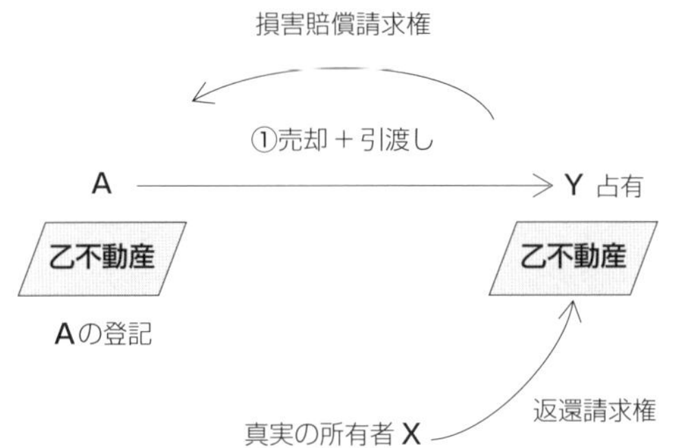

これに対して，前掲最判昭和51年6月17日は，「他人の物の売主は，その所有権移転債務が履行不能となっても，目的物の返還を買主に請求しうる関係になく，したがって，買主が目的物の返還を拒絶することによって損害賠償債務の履行を間接に強制するという関係は生じないため……留置権を成立させるために必要な物と債権との牽連関係が当事者間に存在するとはいえない」として，留置権を否定した。

しかし，(a)(b)の場合が，言葉の意味では，❷基準である「債権が物の返還請求権と同一の法律関係または生活関係から生じたもの」に該当することは否定できない。しかし，留置権の成立を認めると，典型的な二重譲渡の事案である(a)の場合には，177条の定める不動産物権変動に関する対抗要件制度を否定するのと変わらない結果となる。また，(b)の場合には，不動産取引についても動産取引に関する194条と類似した法的処理をするのと変わらない結果となる。したがって，それぞれにおいて，最高裁が留置権を否定した結論自体は是認できる。しかし，他方で，留置権の成立要件である物と債権の牽連関係の❷基準は，残念ながら，道具概念として上手く機能しているとはいえないことがわかる。

そこで，この問題を解決するために，方向性の異なる２つの考え方が主張されている。

１つは，物と債権との牽連性を留置権の成立要件として純化し，成立要件と留置権の効力の人的範囲の問題を分けて考えようとするものである。この考え方は，次のように主張する。まず，留置権の成立要件である牽連性の基準は，被担保債権が「物の価値あるいは反価値の全部または一部の変容物である場合」であり，この基準を満たせば，債権者と債務者の間で留置権は成立する。しかし，留置権成立の時点で，債務者が債権者に対して，物の引渡請求権を有しない場合には，債権者と債務者の間で留置権の成立が認められても，その効力は，その物について引渡請求権を有する第三者に対しては主張できない，と。しかし，留置権というのは，物の引渡請求権に対して，引渡拒絶をすることによって，間接的に債務の履行を促す権利である。そうである以上，引渡請求権のない者との間で留置権の成立を考える意味がどこにあるのか不明といわざるをえない。

他の１つは，❷基準に該当しても，留置権成立の時点で，被担保債権の債務者が占有者たる債権者に対して目的物の引渡請求権を有していない場合には，留置権の成立自体を否定しようとする考え方である。この考え方は，次のように主張する。すなわち，債務者が引渡請求権をもたない場合には，債務者は被担保債権を弁済して目的物を取り戻すという関係にないので，留置権の存在によって債務者の弁済が促されることはない。そこで，この場合に留置権の成立を認めることは，目的物の引渡請求権を有する者に対して，第三者弁済を強いることを意味する。しかし，留置権は，物の引渡拒絶により債務者に対して心理的な圧迫を加えて債務の弁済を間接的に強制する権利である以上，この場合に留置権の成立を認めるのは，第三者の負担により債権者を保護することになり，留置権本来の趣旨を逸脱するものである，と。

しかし，この場合であっても，最高裁が留置権の成立を認めた例がある。すなわち，(c)譲渡担保設定者の譲渡担保権者に対する清算金債権を被担保債権とする留置権の成立を認めた最判平成11年2月26日判時1671号67頁がそれである（第4章第*3*節**2**(6)(イ)参照)。譲渡担保権者は，譲渡担保の実行方法として，目的物を第三者に処分する処分清算方式を選ぶことができる。処分清算方式により，譲渡担保権者（A）が，第三者（X）に目的物を処分すると，第三者（X）は設定者（Y）に対して引渡請求権を取得すると同時に，設定者は譲渡担保権者に対して清算金債権を取得する。そこで，XがYに対して目的物の引渡しを請求した事案である同判決において，最高裁は，Yは，Aに対する清算金債権を被担保債権として，目的物について留置権を行使できると判示した。また，❶基準に該当する〔図3-2〕の例では，留置権成立の時点において，被担保債権の債務者であるAは，目的物の占有者である債権者Yに対して引渡請求権を有していないが，YのAに対する損害賠償請求権を被担保債権とする留置権が成立することは一般に認められている。

それでは，なぜ，留置権の成立をめぐっては，このようなあいまいさが付きまとうのであろうか。幾代通先生の名著『民法研究ノート』（有斐閣，1986）124頁以下の記述にならえば，以下のようにいえようか。すなわち，先に挙げた(a)や(b)においては，占有者Yの有する債権とXの所有権に基づく引渡請求権は，その存在において無関係であるのに対して，(c)では，所有権に基づく引渡請求権を有するXの地位は，占有者YのAに対する債権を発生させた法律関係を前提として成立する関係にある。また，〔図3-2〕の例では，Xの所有にかかるボール自体に，YのAに対する債権の発生原因がそのまま埋没・付着している感じがする，と。日本民法は，留置権の成立要件として「物と債権の牽連性」を要求しているが，債権と物あるいは物の引渡請求権との間の距離あるいは関係の粗密は，このように千差万別であり，白か黒か，あるいは，オール・オア・ナッシングという具合に割り切れる状態にはない。したがって，「物と債権の牽連性」――条文に則していえば「その物に関して生じた債権」――を，具体的かつ一般的な定式として表現することは，そもそも不可能といわざるをえないのではないだろうか。

ところで，いかなる時代，社会においても，債権の履行を確保するために一定の場合に引渡拒絶権能を認めるべき要請は存在するといってよいであろう。しかし，この要請を受けて作られた制度は，単に債権的な引渡拒絶権能とするところあり，物権として構成するところありと，立法例によってさまざまである。また，一口に物権として構成するといっても，立法例により，要件や効力にかなりの違いがみられる。そのような中にあって，わが国は，留置権を物権として構成はしたが，占有を失えば消滅する（302条）ものとした点において，物権性は必ずしも強くない。また，成立要件については，その見合いとして，比較的ゆるくしたために，かなりあいまいな点が残ったといわざるをえない。

Column㉚　商人間の留置権

商法521条は，商人間の留置権について規定している。すなわち，商人の間に商行為によって生じた債権があるときは，債権者である商人（Y）は，債務者である商人（X）が，その債務を履行するまでは，Xの所有物であって，自分が占有するものを留置することができる。商人間の留置権にあっては，民法上の留置権とは異なり，債権と物との牽連関係は要求されていない反面，物が債務者の所有物であることと，債権者・債務者間の商行為によって債権者が物の占有を取得したことが要求されている。

この商人間の留置権は，その淵源を中世イタリアの商事慣習法に有し，民法上の留置権とは，まったく異なる沿革に基づく。すなわち，商人は，通常，同一商人と継続して取引を行い，相互に債権債務を負担する。そこで，取引継続中に一方が他方に対して取得する債権が，その者の占有する他方の所有物によって担保されるものとすることは，商人間の信用を維持し，安全確実な取引関係を持続させるのに適するというわけである。

(3)　債権が弁済期にあること

債権の弁済期が到来しない間は留置権は成立しない（295条1項但書）。優先弁済権能のある先取特権，質権，抵当権にあっては，被担保債権が弁済期にあることは，優先弁済権を行使する要件にすぎず，担保物権自体は，その前から成立している。これに対して，留置権は，目的物の引渡しを請求する者に対して，引渡しを拒絶することだけを内容とする。したがって，弁済期前に留置権が成立し，引渡しを拒絶できるとすると，弁済期前の弁済を間接的にせよ強制することになり妥当でないからである。

3 効 力

(1) 留置的効力

295条1項が定めるように，留置権の中心的効力は，「債権の弁済を受けるまで，その物を留置することができる」にある。条文の文言に従えば，留置権者は，債務を弁済してもらうまでは，目的物の引渡しを拒絶できるので，債務者あるいは所有者が，占有者たる債権者に対して，目的物の引渡請求訴訟を提起した場合には，請求棄却になりそうである。しかし，判例（最判昭和33年3月13日民集12巻3号524頁）・通説ともに，債務の弁済と引換えに引き渡せという引換給付判決になるとする。

なお，不動産賃貸借においては，しばしば，留置権者が留置できる物の範囲が問題となる。たとえば，台風で壊れた屋根を修理したことによって，賃貸人に対して費用償還請求権（608条）を取得した借家人は，借家契約終了時には，この費用償還請求権に基づき，建物全体を留置できる。これに対して，判例（最判昭和29年1月14日民集8巻1号16頁）は，借家契約終了時に造作買取請求権（借地借家33条）を行使した借家人は，建物全体を留置することはできないという。造作の売買代金債権と建物との間には牽連性が認められないことを理由とする。そこで，判例によれば，借家人は，借家契約終了時には，造作を建物から分離して，建物から退去しなければならないことになる。しかし，賃貸人は，積極的に造作を買いたいわけではなく，造作買取請求権の行使によって強制的に買わされているだけなので，いくら造作が留置されているといっても，これでは，造作の売買代金債権の弁済が促されることはない。したがって，学説は，建物全体の留置を認める。このとき，説明の仕方としては，物と債権の牽連性の問題ととらえて，造作の売買代金債権と建物の間に牽連性があるとするものと，留置権の効力が及ぶ物的範囲の問題ととらえて，売買代金債権と建物の間には牽連性は認められないが，造作の留置権の効力は建物全体に及ぶとするものがある。同様に，借地契約終了時に建物買取請求権（借地借家13条）を行使した借地人は，建物とともに敷地も留置できるかという問題がある。敷地の留置を認めないと，建物について認められる留置権を無にすることになるので，判例は，この場合には，敷地の留置も認める（大判昭和14年8月24日民

集18巻877頁，大判昭和18年2月18日民集22巻91頁)。

(2)　優先弁済的効力

留置権には目的物を換価して優先弁済を受ける効力はない。したがって，物上代位性も認められない。303条（先取特権），342条（質権），369条（抵当権）と295条を比べられたい。前三者にある「他の債権者に先立って自己の債権の弁済を受ける権利を有する」という文言が，295条にはない。しかし，留置権は，例外的な優先弁済効が認められているほか，執行法上の規律から，事実上の優先弁済を受けることができる。

(ア)　例外的な優先弁済効

留置権には優先弁済効がないので，留置権者は，本来ならば，目的物の果実からも優先弁済は受けられないはずである。しかし，297条1項は，果実について例外的に優先弁済効を与えている。果実は，通常は少額であることが多いので，所有者への返還の労を省き，優先的に被担保債権の弁済への充当を認めることで，簡易な処理をはかったものである。

(イ)　事実上の優先弁済効

動産の場合，他の債権者が動産を競売しようとしても，留置権者が目的物を執行官に提出することを拒む限り，手続は進まない（民執124条・190条)。したがって，他の債権者が留置権の目的物を競売しようとすれば，留置権者に被担保債権を弁済して，その物を自分に引き渡してもらわなければいけない。そこで，留置権者は，事実上，優先弁済を受けることができるというわけである。

これに対して，不動産の場合には，留置権者が目的物を占有していても，競売手続は進行する。しかし，留置権には優先弁済効がないために，競売代金から留置権者に優先弁済を受けさせることはできない。そこで，留置権については，競売によっても消滅しないとせざるをえず，消除主義の例外として，買受人に引き受けさせることになった。そのため，買受人は留置権の被担保債権を弁済する責めを負う（民執59条4項・188条）結果，留置権者は，事実上，優先弁済を受けることができる。

Column㉛ 商事留置権と不動産

Column㉚で説明したように，商事留置権にあっては，債権と物との牽連関係は要求されていない。すると，たとえば，Aのために抵当権が設定，登記されているS所有の土地に，建設業者Bが建物を築造した。注文主であるSが請負代金を支払えなくなったために，Bが建物と敷地について商事留置権を主張するという事態が起きる。本文で述べたように，不動産の留置権者は，事実上，優先弁済を受けることができることから，この場合，敷地について商事留置権の成立を認めると，抵当権者Aは，その抵当権に後れて成立した留置権者Bに優先されることになってしまう。そこで，不動産について商事留置権が成立するかという問題がクローズアップされることになる。最判平成29年12月14日民集71巻10号2184頁は，商法521条の「物」は不動産を除外していないとして，不動産は商事留置権の目的物となると判示した。ただし，事案は，不動産の賃借人が賃貸人に対して商事留置権を主張した事案であり，事実上の優先権の是非は問題となっていない。

(ウ) 形 式 競 売

留置権には優先弁済効が認められないので，留置権者は，担保権の実行のために競売を申し立てることはできない。しかし，目的物の保管の負担から免れるために，目的物を競売することが認められている。これが「形式競売」である（民執195条）。換価金は所有者に返さなければならないものではあるが，所有者＝債務者の場合には，留置権者は，被担保債権と相殺することによって，事実上，優先弁済を受けることができる。

4 留置中の権利義務

(1) 善管注意義務

留置権者は，目的物の占有にあたっては，善管注意義務を負い（298条1項），また，債務者の承諾なしに，目的物を使用したり，賃貸したり，あるいは，担保に供することができない（298条2項）。留置権者が，これらの義務に違反すると，債務者は留置権の消滅を請求することができる（298条3項）。民法は，消滅請求の主体を「債務者」と規定しているが，債務者≠所有者のときは，両者ともに目的物の管理に利害関係を有するので，両者ともに消滅請求できる（最判昭和40年7月15日民集19巻5号1275頁）。ただし，留置権者が債務者から使用・賃貸等の承諾を得ていれば，その効果は，新所有者にも対抗できるので，新所有者は消滅請求できない（最判平成9年7月3日民集51巻6号2500頁）。

ところで，298条2項については，たとえば，借家について留置権が認められる借家人――正確にいえば，元借家人――は，借家に住み続けることができるかという問題がある。判例は，当初，借家人が住み続けることは留置物の「使用」にあたり，家主の承諾がない限りはできないとして，家主の留置権消滅請求を認めた（大判昭和5年9月30日新聞3195号14頁）。しかし，それでは，借家人は，借家を空家として管理しなければならないことになり，借家人にしてみると，管理の手間だけがかかるということになりかねない。そこで，判例も，後には，居住は，同条同項但書にある「その物の保存に必要な使用」にあたるとして，家主の承諾がなくても居住を継続できるとした（大判昭和10年5月13日民集14巻876頁）。学説は，ほぼ一致して判例の結論を認めている。ただし，留置権者である借家人は家賃相当額は不当利得として所有者に返還しなければならないものではあるが，現実に賃貸人に現金を支払う必要はなく，果実に準じて留置権の被担保債権に充当することができる（297条1項）（**3**(2)(ア)参照）。

(2)　費用償還請求権

留置権者が留置物について費用を支出した場合には，その費用の償還請求権が認められる。民法は，この費用償還請求権について，占有者の費用償還請求権の規定である196条とは別に，299条で定めている。両条を読み比べて，その差がどこから来るのかを考えてほしい。

5　消　　滅

(1)　一般的消滅原因

留置権は，物権の一般的消滅原因（目的物の滅失，混同等）および担保物権の一般的消滅原因である被担保債権の消滅によって消滅する。ただし，留置権には担保物権として不可分性があるので（296条），被担保債権全額の弁済を受けるまでは目的物全体を留置できる。逆に，目的物の一部を債務者に引き渡した場合も，特段の事情がない限り，残部が被担保債権の全部を担保する（最判平成3年7月16日民集45巻6号1101頁）。

なお，単に留置権を行使していても，それだけでは債権の消滅時効の進行は妨げられない（300条）。

(2)　留置権特有の消滅原因

4つある。

❶　消滅請求　　**4**(1)で述べたように，留置権者が善管注意義務に違反したり，無断で目的物を使用したり，賃貸したり，あるいは担保に供した場合の消滅請求による消滅である。

❷　代担保の提供　　債務者は，相当の担保を提供して留置権の消滅を請求できる（301条）。留置される側にとっては被担保債権額に比べて過大な価値の物が留置されているような場合に実益があり，また，債権者にとっても相当の担保が代わりに提供される限り特に不利益はないからである。担保は，「相当」であれば，物的担保・人的担保どちらでも構わない。なお，❶の消滅請求が形成権であるのに対して，この場合は，留置権者の承諾が必要である。

❸　占有の喪失　　占有（＝留置）を本体的要素とする留置権は，留置権者が目的物の占有を失うと消滅する（302条）。ただし，占有は代理占有でもよいので，留置権者が目的物を賃貸したり，質権を設定しても，留置権は消滅しない。その意味で302条但書は当然の規定である。

❹　目的物所有者の破産　　目的物所有者が破産した場合，破産手続においては，留置権の効力は認められない（破66条3項）。しかし，商人間の留置権をはじめとする商法または会社法の規定による留置権（商事留置権）は，特別の先取特権とみなされ，別除権（破66条1項）が与えられている。

第2節　先取特権

1　はじめに

序章で述べたように，債権者平等の原則の下では，すべての債権者は，債務者の責任財産から，その債権額に応じて弁済を受けることになる。他の債権者より多い割合の弁済を受けたかったら，あらかじめ，債務者あるいは物上保証人から担保物権の設定を受けておけばよい。約定担保物権の設定を受けていなかった以上，「他の債権者より多い割合の弁済を受けたい！」というわがままは通らない。これが原則といっていいであろう。しかし，他方，債権者が弱小であるとか，あるいは，特定の経済政策実現のための一環として等，その理由はさまざまではあるが，特別の保護を与えるべき債権が存在するのも事実である。先取特権は，それら債権を保護する方法の1つであり，留置権と同様に，法律の定める一定の債権者が債務者の財産に対して当然に取得する法定担保物権である。しかし，留置権が留置的効力を本体とするのとは異なり，先取特権は，「先取特権者は……その債務者の財産について，他の債権者に先立って自己の債権の弁済を受ける権利を有する」(303条) とあるように，優先弁済効を本体とする。

ところで，先取特権は公示のない担保物権であるために，第三者に不測の損害を及ぼすおそれがある。確かに，ドイツ法やスイス法では公示のない担保物権は除去される傾向があるのに対して，日本法は，旧民法以来，フランス民法にならって，広範に先取特権を規定している。そこで，このような日本法の態度は，近代法の担保物権制度からみて遅れていると批判されることもある。しかし，公示のある担保物権を有していなくても，特別の保護を与えるべき債権が存在することは事実であり，社会の複雑化に伴い，これら債権の種類が増加していることも否定できない。事実，民法典制定後も先取特権の数は増加を続け，今日では，各種の特別法によって100種類以上の先取特権が認められている。他方で，民法典は15種類の先取特権を定めてはいるが，**2**で述べるように，現代では，その意義を失ったものが少なくなく，先取特権は，見直しの時期に来ているというべきであろう。なお，民法典は，先取特権について詳細な条文を準備しているが，本書では，これら条文の細かな解釈に立ち入ることはせず，制度の全体像を概観することに重点を置くことにする。

さて，先取特権は特別の保護を与えるべき債権に認められるが，特別の保護を与えるべき理由は，債権によって，必ずしも，同じではない。民法典が定める先取特権については，以下のような理由が挙げられる。①債権者間の公平の確保，②比較的少額で約定担保物権による自衛を期待できない弱小債権者への社会政策的配慮，③債務者に必要な給付を行う契約の促進，④当事者の意思の推測が挙げられる。また，個々の先取特権をみたときには，その存在理由が複数にわたるものもあるが，以下では，最も大きな理由だけを挙げることにする。

Column㉜　特別法上の先取特権

特別法上の先取特権については，①〜④に加えて，⑤国税徴収法（8条）に代表されるように，租税債権や社会保険料のような公益的収入にかかる債権の確保，⑥公益的事業への投資の促進が挙げられる。⑥は，公益的事業を行う法人が社債を発行したりして多数の者から借入れを行う場合に，これら多数の債権者に法人の総財産に対して先取特権を与えるものである。これによって，個別の担保権設定にかかるコストを省略しつつ，債権者の保護をはかることができるので，投資が促進されるというわけである（たとえば，東京メトロの社債〔東京地下鉄法3条〕，NHKの放送債券〔放送80条6項〕）。特別法上の先取特権については，⑤⑥を主たる理由とするものが多い。

2　先取特権の種類

先取特権は，その目的物となる財産の種類に応じて，債務者の総財産を目的物とする一般の先取特権（306条）と特定の財産を目的物とする特別の先取特権に大別することができる。後者は，さらに，特定の動産を目的物とする動産の先取特権（311条）と特定の不動産を目的物とする不動産の先取特権（325条）に分けられる。

(1)　一般の先取特権

(ア) 各種の一般の先取特権

一般の先取特権は，債務者の総財産を目的物とする先取特権であり，民法では以下の４種の債権について認められている。

①　共益費用（307条）────→債権者間の公平

②　雇用関係（308条）────→弱小債権者への社会政策的考慮

③　葬式費用（309条）────→債務者に必要な給付を行う契約の促進

④　日用品供給（310条）───→債務者に必要な給付を行う契約の促進

❶　共益費用の先取特権　　共益費用とは，各債権者の共同の利益のために，その債務者の財産の保存，清算または配当に関して支出された費用のことをいう（307条１項）。

具体例として，教科書で頻繁に出される例としては，ある債権者Xが，債務者の不動産が他人により時効取得されそうなので，債権者代位権を行使して時効の完成猶予や更新をするに際して負担した費用，あるいは，詐害行為取消権を行使して債務者の詐害行為を取り消すに際して負担した費用がある。これらの場合，Xは，債権者代位権・詐害行為取消権を行使したからといって，元々債務者に対して有していた債権について，他の債権者に優先する地位に立てるわけではない。しかし，Xの債権者代位権や詐害行為取消権の行使によって，債務者の責任財産が減少を免れたり増加したりするので，他の債権者も利益を得ている。すなわち，Xの支出した費用は，Xひとりのためではなく，他の債権者のためにもなっている。そこで，このような費用は，公平の観点から，他の債権者に優先して弁済を受けさせるべきであるとして，先取特権の成立を認めたのである。また，強制執行や担保権の実行としての競売あるいは倒産手続に要する費用も，その例に該当するが，これらについては特則がある（民執42条２項・194条，破148条１項１号２号など）。

なお，支出された費用が，総債権者のうち一部の債権者のみの利益になった場合には，利益を受けた債権者との関係でだけ優先弁済権が認められる（307条２項）。たとえば，Xが，詐害行為取消権を行使して，債務者Yが行った不動産の贈与を取り消したとする。しかし，Xによる詐害行為取消権の行使によって，この不動産上の抵当権者Zが利益を受けることはない。というのは，抵当権には追及効があるので，Zは，この不動産が第三者に贈与されても，依然として，抵当権を実行できるからである。したがって，Xは，詐害行為取消権の費用について共益費用の先取特権を取得するが，抵当権者Zには優先できない。

Column㉝　一般の先取特権か特別の先取特権か？

今，例に挙げた詐害行為取消権を行使したXについて考えてみたい。Xは，この費用について，共益費用の先取特権を有するとされる。一般の先取特権の目的物は債務者の総財産である。ここで，一般の先取特権の目的物が債務者の総財産であるという意味は，債務者の総財産それぞれの上に先取特権が成立するということである。すると，一般の先取特権を有するXは，詐害行為取消権を行使して債務者の下に取り戻した不動産だけではなく，Yの他の財産についても先取特権を行使できるということになる。そこで，たとえば，Xが，Yの他の不動産の競売手続に配当加入したらどうなるだろうか。共益費用の先取特権だとして，他の債権者に優先して配当が得られるだろうか。この場合，Xの詐害行為取消権の行使は，他の不動産の競売手続に参加した債権者の利益になっているといえるのだろうか？　この問題は，307条2項の解釈問題のようにもみえるが，さらに遡って考えると，今のXのように特定の財産の保存等を行った場合，その費用は，一般の先取特権である共益費用の先取特権になるのか，それとも，特別の先取特権になるのかという問題に突き当たるようである。

❷　雇用関係の先取特権　　使用人（労働者）は，もっぱら給料を生活の基礎としているので，その優先的回収を認め，生活を保護する趣旨である。ここで，「雇用関係」とは，雇用契約によるものに限定しないで，委任，請負等により労務を提供する使用人の場合も含まれる。また，被担保債権である「給料その他債務者と使用人との間の雇用関係に基づいて生じた債権」（308条）には，給料のほか，退職金や退職後の年金債権も含まれる。なお，2003（平成15）年の担保・執行法改正以前においては，被担保債権の範囲は，最後の6か月分の給料債権に限られていたが，改正によって，この制限は撤廃され，期間

無制限となった。

❸　葬式費用の先取特権

❹　日用品供給の先取特権

❸❹は，ともに，債務者に利便を与えることを目的とするものである。すなわち，葬式費用・日用品供給に関する債権を保護することによって，❸にあっては，葬式を容易に営むことができるように，❹にあっては，日用品の供給を受けやすくしようとするものである。しかし，❸葬式費用の先取特権が存在しても，そもそも，引当となる債務者の財産が貧弱な場合には，葬式費用の先取特権の存在によって，葬式が容易になるとは思えない。また，❹日用品供給の先取特権は，掛売という状況が一般的な時代には意味があったと思われるが，今日，日用品について掛売を行う業者が，いったい，どれだけ存在するのか疑問である。したがって，❸❹の存在意義は，はなはだ疑わしいといわざるをえない。

（イ）　一般の先取特権の内容

一般の先取特権は，債務者の総財産，すなわち，その時々で変化する債務者の総財産を目的物とする。したがって，被担保債権成立後に債務者が取得した財産が目的物となる一方，債務者の下から流出した財産は目的物とはならない。ただし，不動産については，登記をしておけば追及効が認められるので，債務者の下から流出しても目的物にとどまる。

さて，一般の先取特権は，前述したように，債務者の総財産を一体としてとらえ，そこから優先弁済を受けるわけではないので，その実行は，特別の先取特権と同様に，債務者の個々の財産について行うことになる。ただし，そうはいっても，手当たり次第に実行できるわけではなく，他の債権者を保護するために，どの財産から実行できるか順番が法定されている。すなわち，不動産以外の財産，特別担保（不動産の先取特権・質権・抵当権）の目的でない不動産，特別担保の目的である不動産の順に実行しなければならない（335条1項・2項）。ただし，他の債権者が執行したために，順番が後の財産から先に配当が行われる場合には，一般の先取特権者は，335条の定める順番にかかわらず，その配当に参加して優先弁済を受けてよい（同条4項）。そうしないと，先取特権を実行する機会を失い，配当を受けられなくなるおそれがあるからである。

なお，不動産にあっては，第三者に権利を対抗するためには登記を必要とするのが原則である。しかし，一般の先取特権にあっては，被担保債権額が少額であったりして，登記がされにくいので，一般債権者に対しては登記がなくても対抗できるという特則が設けられている（336条）。したがって，登記がない一般の先取特権であっても，一般債権者に優先して配当がなされるが，登記を有する第三者（抵当権者，質権者，第三取得者）に対しては，原則に戻って，対抗できない（同条但書）。

Column㉞　335条の存在意義

一般の先取特権者が，335条1項・2項の順番に従わなかった場合には，その制裁として，順番が先の財産から優先弁済を受けるべきであった額について，順番が後の財産の配当において，登記をした第三者に対して，その先取特権を対抗できないとされる（同条3項）。ここで，登記をした第三者とは，一般の先取特権に劣後する抵当権者，質権者，第三取得者を意味する。

さて，335条3項は，一般の先取特権について登記をしなくてもすべての者に優先するという制度をとった場合には大いに意義がある。しかし，日本法においては，登記をしない一般の先取特権は登記をした者には対抗できない（336条）ので，335条3項が実益を有するのは，一般の先取特権が登記され，登記をした第三者に対抗できるときくらいである。しかし，一般の先取特権が登記によって公示されている場合には，本来，劣後すると覚悟している他の債権者が一般の先取特権に劣後することの何が悪いのか，さっぱりわからない。

また，同一の財産上に種類の異なる一般の先取特権が競合する場合には，その優先権の順位は306条に掲げる順番による（329条1項）。これに対して，同順位の一般の先取特権が競合する場合には，債権額に応じて弁済を受ける（332条）。一般の先取特権と特別の先取特権が競合する場合には，原則として，特別の先取特権が優先するが，共益費用の先取特権は，その利益を受けたすべての債権者に優先する（329条2項）。

(2)　動産の先取特権

(ア)　各種の動産の先取特権

動産の先取特権は，債務者の有する特定の動産を目的物とする先取特権であり，民法では以下の８種類の債権について認められている。

①不動産賃貸（312条），②旅館宿泊（317条），③運輸（318条）

④動産保存（320条），⑤動産売買（321条），⑥種苗または肥料の供給（322条），⑦農業労務（323条），⑧工業労務（324条）

これらは，大きく２つのグループに分けることができる。まず，第一のグループである①②③は，不動産の賃貸人，旅館，運送人が，それぞれ，賃借人，宿泊客，旅客または荷送人に対して有する債権について，土地・建物に備え付けられた動産等，あるいは，手荷物や荷物を先取特権の目的とするものである。債権者は，自らの支配領域にあるこれらの動産を自らの債権の担保として期待しているから，その期待を保護しようという趣旨による，換言すれば，当事者の意思の推測，黙示の担保意思を根拠としているものである。そこで，先取特権は，本来は，債務者の財産を目的物とするものではあるが，①②③にあっては，即時取得の規定が準用されて，債務者以外の者の財産についても先取特権が成立することがある（319条）。

第二のグループである④⑤⑥⑦⑧は，まず，債権者間の公平の確保を根拠とする。今，1，2例を挙げよう。たとえば，動産の修繕費用について，修繕された動産を目的物として成立する動産保存の先取特権にあっては，債権者が修繕費用を支出したからこそ，当該動産が現在の状態で債務者の財産を構成し，他の債権者もそこから弁済を受けうるようになった。また，動産の売買代金とその利息を被担保債権として，売買された動産を目的物として成立する動産売買の先取特権にあっては，売主が当該動産を売ったからこそ，それが買主の財産を構成するに至り，他の債権者もそこから弁済を受けうるようになった。したがって，公平の観点から，修繕費用や売買代金について，債権者に優先権を与えるべきであるというわけである。なお，公平の確保に加えて，⑥にあっては農業振興策，⑦⑧にあっては弱小債権者の保護も理由に挙げることができる。

これら動産の先取特権の中で最も詳細な規定をもつのは不動産賃貸の先取特権（313条～316条）であるが，現在，最もよく利用されている動産の先取特権は動産売買の先取特権である。前述したように，動産売買の先取特権は，動産の売買代金とその利息を被担保債権として，売買された動産の上に成立する。動産売買の先取特権が成立するためには，動産の所有権が買主に移転していることが前提となる。所有権が買主に移転していれば買主への引渡し前であっても，動産売買の先取特権は成立する。しかし，引渡し前であれば，売主は，留置権（295条），同時履行の抗弁権（533条）を行使して引渡しを拒むことができるので，動産売買の先取特権が出る幕はない。したがって，動産売買の先取特権が有用性を発揮するのは，売主が目的物をすでに買主に引き渡している場合である。動産売買の先取特権がよく用いられるようになったのは，昭和50年代に入って相次いで出た動産売買の先取特権に基づく物上代位を厚く保護する最高裁判決を契機とするようである。さらに，2003（平成15）年の担保・執行法の改正によって，目的物本体に対する執行も容易になった（**3**(1)(ア)参照）。

（イ）　動産の先取特権の内容

動産の先取特権者は，担保権の実行としての競売をするなどして，以下の順序に従い，目的物の価値から優先弁済を受けることができる。

❶　担保物権相互の優劣

(a)　先取特権相互の優劣　　まず，(1)(イ)で述べたように，動産の先取特権は，原則として，一般の先取特権に優先する（329条2項）。

次に，同一の動産上に，異なる種類の動産の先取特権が競合する場合は，民法は，動産の先取特権を3つのグループに分けて順位をつけている。すなわち，第1順位は，不動産賃貸，旅館宿泊，運輸の各先取特権，第2順位は動産保存の先取特権，第3順位は，残りの動産売買，種苗または肥料の供給，農業労務および工業労務の各先取特権である（330条1項）。たとえば，AがBに売却した機械を，Cが修理した場合には，この機械には，Aの動産売買の先取特権とCの動産保存の先取特権が成立する。動産売買の先取特権は第3順位，動産保存の先取特権は第2順位なので，Aの動産売買の先取特権の方がCの動産保存の先取特権よりも先に成立していても，AはCに劣後することになる。これらの順位は，当事者の意思の推測に基づくものを第一とし，後は，公平の原則が要求される強さの程度の差によるものといえよう。ただし，これには，以下の3つの例外がある。

(i)　農業上の果実については，これとは全く異なる順位が定められている。すなわち，第1順位は農業の労務者，第2順位は種苗または肥料の供給者，第3順位は土地の賃貸人である（330条3項）。これらの順位は，債権者保護の要請の強弱によるものといえよう。

(ii)　すでに述べたように，先取特権の種類に応じて順位が付けられているというのは，時間的には後から成立した先取特権であっても，順位が上であれば，先に成立していた先取特権に優先するということを意味する。しかし，第1順位の先取特権者が，債権を取得した時に，後順位の先取特権がすでに成立していることを知っていた場合には，これらの先取特権には優先しない（330条2項前段）。たとえば，借家人がAに修繕してもらった家具を借家に備え付けたとする。この場合，当該家具の上には，第1順位の不動産賃貸の先取特権と第2順位の動産保存の先取特権が成立している。しかし，賃貸人（B）が，当該家具の上には，すでに，動産保存の先取特権が成立していることを知っていた場合には，Bの不動産賃貸の先取特権はAの動産保存の先取特権に優先しない。

(iii)　(ii)で述べた例とは逆に，たとえば，借家人の備え付けた家具の上に賃貸人（B）の先取特権が成立した後にその家具を修繕（保存）した者（A）があるときは，第1順位の先取特権者であるBは，自分のために動産を保存したAに対して，優先しない（330条2項後段）。(ii)，(iii)ともに優先しないとは，同順位になるのではなく，劣後するという意味である。

同一の動産に同順位の先取特権が競合する場合は，原則として，それぞれの債権額の割合に応じて弁済を受ける（332条）。ただし，動産保存の先取特権については，後の保存者が前の保存者に優先する（330条1項柱書後段）。後の保存の方が現在の価値との関連性が強いということであろう。

(b)　他の担保物権との優劣　　留置権との関係では，**第*1*節3**(2)(イ)でみたように，事実上，留置権が優先する。質権との関係では，質権は，動産の先取特権の第1順位のものと同一の順位に立つものとされる（334条）。質権にこのような地位を与えたのは，第1順位のものは意思の推測に基づくものであるから，質権は，これらと同じ扱いをするのが妥当と考えられたからである。したがって，(ii)で述べたように，第1順位の先取特権が例外的に第2，第3順位のものに後れる事情（330条2項）があるときは，質権も同様にこれに後れると解すべきである。なお，譲渡担保との優劣については，Column51で述べる。

❷　第三取得者との関係　　333条によれば，先取特権は，債務者がその目的である動産を第三者に引き渡した後は，その効力を失う。不動産の先取特権とは異なり，動産の先取特権は対抗要件が定められていない。そこで，一般には，同条は，公示のない担保物権から取引の安全を守るために定められたと説明される。ただし，ここでの第三者は，目的物について所有権を取得した者に限られるとともに，先取特権の存在についての善意・悪意は問わないとされる。また，引渡しには占有改定も含まれる。

(3)　不動産の先取特権

(ア)　各種の不動産の先取特権

不動産の先取特権は，債務者の有する特定の不動産を目的物とする先取特権であり，民法では以下の3種類の債権について認められている。いずれも債権者間の公平を確保することを目的とする。

不動産保存（326条）
不動産工事（327条）
不動産売買（328条）

不動産保存の先取特権の被担保債権には，動産保存の先取特権と同様に，修繕費用のような物理的な「保存のために要した費用」と「権利の保存，承認若しくは実行のために要した費用」の2種類がある。このうち，前者については，不動産工事の先取特権における「工事」との境界が問題となる。抽象的には，積極的に価値の増加をもたらすものが「工事」，修繕のように価値の維持あるいは回復をもたらすものが「保存」ということになろうが，現実には，区別が困難な場合もあろう。

ところで，不動産の先取特権は，特殊の時期に登記することが要求されている。すなわち，不動産保存の先取特権は「保存行為が完了した後直ちに」（337条），不動産工事の先取特権は「工事を始める前にその費用の予算額を」（338条1項），不動産売買の先取特権は「売買契約と同時に，不動産の代価又はその利息の弁済がされていない旨を」（340条），それぞれ登記しなければならない。そして，これらの登記は，不動産の先取特権の「効力を保存」する要件とされている（337条・338条1項・340条）。ここで，「効力を保存」するとは，登記のない不動産の先取特権は，効力を生じないのか，あるいは，一般の原則に従い，第三者に対抗できないのかの争いがある。前者が多数説といってよいかと思われるが，あえて，一般原則の例外とする実質的理由は見出しがたいので，後者と解すべきであろう。ただし，いずれの立場をとろうと，第三者に対する優先権は認めることができないので，その差は大きくないといえよう。両者の差は，先取特権の実行が，前者ではできないのに，後者ではできるという点くらいであろう（民執181条1項参照）。

ところで，不動産の先取特権は，この登記がネックとなって，現実には，ほとんど機能していないといわれる。特に，不動産工事の先取特権の場合には，工事を始める前に登記をしなければならないが，これは実際問題として不可能といってよいであろう。というのは，工事が始まってもいないのに，注文主に対して，この登記を要求するということは，注文主の支払能力に疑問を抱いているととられかねず，その機嫌を損ねることになってしまうからである。

（イ）　内容――担保物権相互の優劣

不動産の先取特権者は，担保権の実行としての競売あるいは担保不動産収益執行（民執180条）をするなどして，以下の順序に従い，目的物の価値から優先弁済を受けることができる。

❶　先取特権相互の優劣　　まず，(1)(イ)で述べたように，不動産の先取特権は，原則として，一般の先取特権に優先する（329条2項）。

次に，同一の不動産上に，異なる種類の不動産の先取特権が競合する場合は，325条に掲げた順序となる。すなわち，不動産保存の先取特権，不動産工事の先取特権，不動産売買の先取特権の順である。これは，不動産の価値を維持するのに関係の一層深いものを優先させる趣旨である。同種の不動産の先取特権の間では債権額に応じて優先弁済を受けるのが原則であるが，A ⟶ B ⟶ C という具合に，同一の不動産について順次売買がなされた場合には，売主相互の間の順位は売買の時の前後による（331条1項）。したがって，今の例では，A が B に優先する。最初の売買があったからこそ，後の売買が可能となったという趣旨であろう。

❷　他の担保物権との優劣　　留置権との関係では，第*1*節**3**(2)(イ)でみ

たように，事実上，留置権が優先する。

質権との関係では，不動産質権には抵当権の規定が全面的に準用されるので(361条)，次に述べる抵当権との関係と同じになる。

不動産工事の先取特権および不動産保存の先取特権にあっては，民法の定める要件に従った登記があれば，前に登記されている抵当権にも優先する（339条)。たとえば，Aが，B銀行から融資を受けるに際して，その所有する建物に抵当権を設定し，その旨の登記もすませたとしよう。その後，暴雨風が襲来し，この建物が大損害を受けたので，Cに頼んで修繕工事を行った。Cの不動産保存の先取特権を保存するには修繕工事完了直後に登記をしなければならないが，この登記を行えば，この先取特権は，その前に設定登記がされているB銀行の抵当権にも優先する。したがって，もし，この建物が競売された場合には，その売却代金は，B銀行をさしおいて，まず，Cに配当されることになる。これに対して，不動産売買の先取特権と抵当権の関係については特別な規定はないので，一般原則に従い，登記の前後による。なお，(ア)で述べたように，不動産工事の先取特権の登記をすることは，実際には，至難の業であり，したがって，請負業者にとっては，残念ながら，不動産工事の先取特権は請負代金確保のためには役に立たない。

3　効　　力

(1)　優先弁済効

繰返しになるが，先取特権の中心的効力は，債務者の財産から他の債権者に先立って自己の債権の弁済を受けること，すなわち，優先弁済効にある（303条)。そのためには，自ら先取特権を実行して優先弁済を受けるか，あるいは，他の債権者が先取特権の目的物について行った執行手続内において優先弁済を受けるか，2つの方法がある。

(ア)　先取特権の実行

❶　**動産の先取特権**　　2003（平成15）年の担保・執行法改正前は，目的物が動産の場合には，債権者が，執行官に対し，目的物を提出するか，あるいは，占有者が目的物の差押えを承諾する文書を提出した場合に限り，動産競売が開始するとされていた（民執旧190条)。

ところで，**2**(2)(ア)で述べたように，動産の先取特権中，最も，用いられる頻度が高いのは動産売買の先取特権である。しかし，動産売買の先取特権が有用性を発揮するのは，目的物が債務者である買主に引き渡された後であるために，債権者である動産の売主が，いざ，先取特権を実行しようとすると，非常な困難が伴った。すなわち，動産の売主は，実体法上は，動産売買の先取特権という担保物権が認められているのに対して，手続法上は，その実現が困難であるという「動産売買の先取特権は絵に描いた餅！」という状況が生じていた。そこで，主に，動産売買の先取特権の実行を容易にすることを念頭に置いて，2003（平成15）年の改正においては，債権者が「担保権の存在を証する文書」を提出した場合には，執行裁判所が動産競売手続の開始を許可することができるようになった（民執190条2項）。

このように，2003（平成15）年の改正によって，動産売買の先取特権の実行手続は，従前に比べて，格段に容易になったが，このことに反対する声もある。というのは，在庫品に対する動産売買の先取特権の実行が容易になると，事実上，一般債権者，さらには，一般の先取特権である雇用関係の先取特権を有する労働者への配当が減少するからである。

❷　不動産の先取特権　　不動産の先取特権の実行手続は，担保権の登記に関する登記事項証明書をはじめとする民事執行法181条1項が定める文書を執行裁判所に提出することにより，開始する。なお，実行手続には，担保不動産競売と担保不動産収益執行の2つの方法がある（第1章**第*2*節3**参照）。

❸　一般の先取特権　　**2**(1)(イ)で述べたように，一般の先取特権も，その実行は，特別の先取特権と同様に，債務者の個々の財産について行うことになる。したがって，動産，不動産に対して一般の先取特権を実行する場合には，動産の先取特権，不動産の先取特権について述べたことが当てはまる。ただし，不動産の先取特権とは異なり，登記のないときであっても，一般の先取特権の存在を証明する文書を執行裁判所に提出すれば，実行手続は開始する（民執181条1項4号）。また，一般の先取特権は債務者の総財産の上に成立するので，目的物が債権その他の財産権の場合には，担保権の存在を証する文書を執行裁判所に提出することにより，実行手続が開始する（民執193条）。

（イ）　他の債権者の開始した執行手続における地位

❶　動産の先取特権　　一般債権者であろうと担保権者であろうと，他の債権者が動産を競売した場合には，動産の先取特権者は，その権利を証する文書を提出して配当要求をすることによって優先弁済を受けることができる（民執133条・192条）。

❷　不動産の先取特権　　一般債権者であろうと担保権者であろうと，他の債権者が不動産を競売した場合には，登記した不動産の先取特権者は，動産の先取特権者とは異なり，当然に，売却代金から優先弁済を受けることができる（民執87条1項4号・188条）。これに対して，一般債権者による強制管理が行われた場合および他の担保権者による担保不動産収益執行が行われた場合には，不動産の先取特権者は，登記があっても，当然には配当を受けることはできず，執行裁判所の定める期間内に自ら担保不動産収益執行を申し立てなければ，配当を受けることはできない（民執107条4項1号ハ・188条）。

❸　一般の先取特権　　動産の先取特権者と同様に，一般債権者であろうと担保権者であろうと，他の債権者が動産を競売した場合には，一般の先取特権者は，その権利を証する文書を提出して配当要求をし，これによって優先弁済を受けることができる（民執133条・192条）。

これに対して，不動産について他の債権者が開始した執行手続内の地位は，不動産の先取特権者と異なる点がある。すなわち，登記がある一般の先取特権者に対しては，不動産の先取特権者と同じ処遇が与えられる。しかし，一般の先取特権者に対しては，それに加えて，競売，強制管理および担保不動産収益執行の場合すべてを通じて，不動産の先取特権者には認められていない配当要求が認められている（民執51条・105条1項・107条4項3号）。

また，債権については，一般債権者あるいは他の担保権者がすでに債権に対して執行手続を開始している場合には，二重差押えをするか，配当要求をすることで優先弁済を受けることができる（民執154条・167条の9・193条2項）。

（ウ）　目的物所有者の倒産手続における処遇

特別の先取特権である動産の先取特権および不動産の先取特権は，破産手続および民事再生手続においては別除権となるので（破2条9項，民再53条），先取特権者は，自由に，その実行ができる。また，会社更生手続においては更生担保権となる（会更2条10項）。

これに対して，一般の先取特権については，破産手続においては優先的破産債権（破98条1項），会社更生手続においては優先的更生債権（会更168条1項・3項），民事再生手続では一般優先債権（民再122条1項）となる。すなわち，これらの手続においては，一般の先取特権は，物権としてではなく，債権者平等の原則を破る特殊な効力を有する債権としての地位しか与えられていない。

(2)　物 上 代 位

優先弁済効がある先取特権には物上代位が認められ（304条）（第1章第*3*節**3**参照），抵当権について述べたことが基本的には当てはまる。もっとも，一般の先取特権には物上代位を認める必要はない。というのは，代位物も債務者の総財産に含まれるからである。

ところで，先取特権に基づく物上代位の中で，最も活躍しているのは動産売買の先取特権に基づくものである。**2**(2)(イ)❷で述べたように，動産の先取特権には追及力（333条）がないので，動産の買主が，目的物を転売し，転買主に引き渡してしまうと，目的物本体に対しては先取特権を行使できなくなるからである。ただ，(1)(ア)❶で述べたように，実際には，2003（平成15）年の改正以前は，目的物本体に対する動産売買の先取特権の実行は至難の業だった。これに対して，転売代金債権に対する物上代位権の行使は，債権執行の方法によるので（民執193条1項後段），比較的容易にできるという皮肉な現象が生じていた。

さて，304条1項但書によると，動産売買の先取特権者（A）が物上代位権を行使するためには，転買主（C）から買主（B）に支払われる前に，転売代金債権を差し押さえなければならない（〔図3-6〕）。

〔図3-6〕のように，A，B，Cの3人しか登場していない場合には問題はないのだが，Aが物上代位権を行使すべく転売代金債権を差し押さえる前に，この債権に利害関係を有する者（D）が登場していた場合に，それでも，Aは物上代位権を行使できるかが問題となる。

たとえば，Aが差し押さえる前に，Bの一般債権者であるDが転売代金債権をすでに差し押さえていた場合が考えられる（〔図3-7〕）。

図3-6

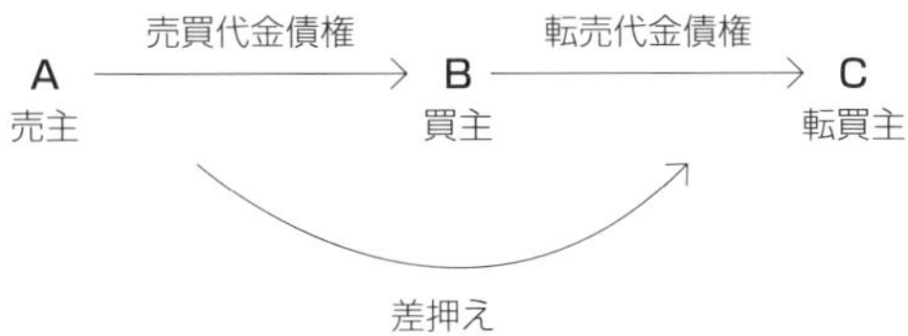

図3-7

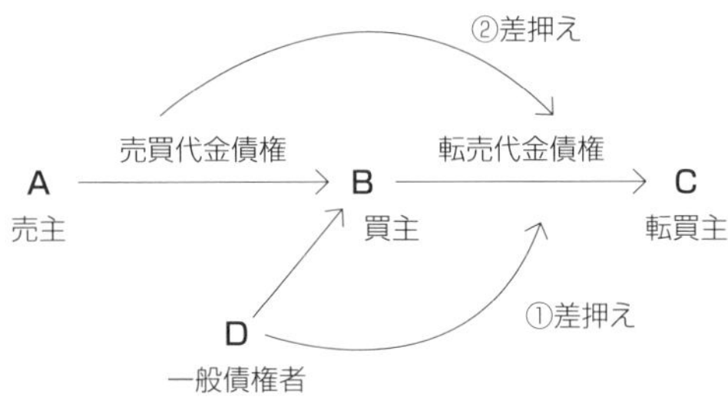

この問題について，最判昭和59年2月2日民集38巻3号431頁は，Aによる物上代位権の行使を認めた。なお，同判決におけるDは破産管財人であり，具体的には，Bが破産宣告を受けた後でも，Aは物上代位権の行使ができると判示したものである。これに対して，最判平成17年2月22日民集59巻2号314頁では，Dが譲受人である場合について，Aは先取特権を行使することはできないと判示した。

Column㉟　動産の先取特権に基づく物上代位と抵当権に基づく物上代位の整合性

第1章第*3*節**3**(3)で述べたように，最判平成10年1月30日民集52巻1号1頁は，抵当権は登記によって公示されていることを理由として，抵当不動産の賃料債権に対する抵当権に基づく物上代位を先行する債権譲渡よりも優先させた。これに対して，前掲最判平成17年2月22日は，公示のある担保物権である抵当権とは異なり，公示のない担保物権である動産の先取特権では，物上代位権行使の差押えは，「物上代位の目的債権の譲受人等の第三者の利益を保護する趣旨を含む」とし，債権譲渡について第三者対抗要件が具備された後は，もはや，動産の先取特権者は物上代位権を行使することはできないと判示した。すなわち，最高裁は，公示のない担保物権である動産の先取特権にあっては，304条1項但書の差押えに第三者保護機能も担わせている。そして，最高裁は，ここで保護される第三者には，譲受人は含まれるが，差押債権者は含まれないとしている。

ところで，最高裁によれば，抵当権の場合，①一般債権者による差押え，②抵当権設定登記，③抵当権に基づく物上代位権の行使では，一般債権者が優先すると解している（最判平成10年3月26日民集52巻2号483頁）。この理は，抵当権自体は，①の一般債権者による差押えの前に成立していても変わらないだろう（〔図3-8〕）。これに対して，動産の先取特権では，①先取特権成立，②一般債権者による差押え，③物上代位権の行使の場合，先取特権者による物上代位権の行使が優先する（最判昭和59年2月2日民集38巻3号431頁）（〔図3-9〕）。

すなわち，抵当権に基づく物上代位の場合には，抵当権の登記が物上代位権行使の対抗要件として機能するのに対して，動産の先取特権に基づく物上代位の場合には，先取特権者による差押えは物上代位権行使の対抗要件としては機能していない。抵当権の登記を物上代位権行使の対抗要件とすること，それ自体，大問題ではあるが，ここでは，その問題はおいておこう。すると，公示のある担保物権である抵当権の場合には，物上代位権の行使においても，登記が対抗要件としての機能を営む，換言すれば，登記による公示が要求されるのに対して，公示のない担保物権である動産の先取特権の場合には，差

図3-8

抵当権の場合

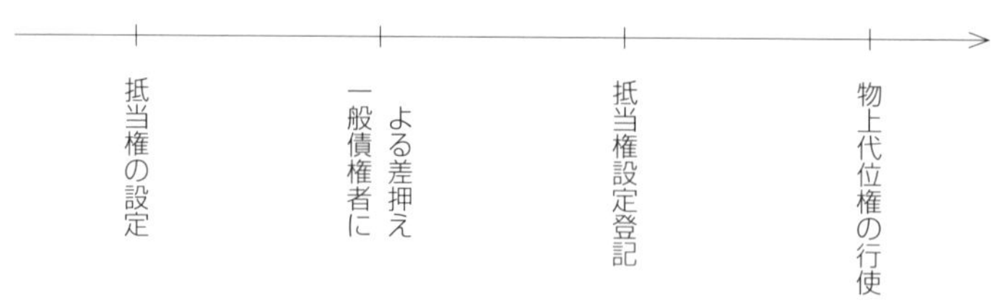

図3-9

動産の先取特権の場合

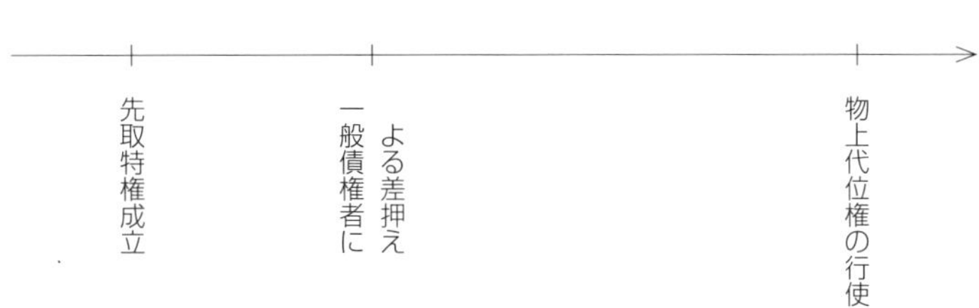

押えは対抗要件としての機能は営まない，換言すれば，公示は要求されないということになる。これは，公示のない担保物権である動産の先取特権という性質を物上代位の目的債権にも及ぼした結果であろう。しかし，全面的に公示不要にするのではなく，動産の先取特権の物上代位にあっては，判例は，「差押えによって保護されるべき第三者は誰か？」という価値判断を正面から行っている。しかし，このように，基になる担保物権の公示の有無を物上代位にダイレクトに持ち込むことが妥当かどうかは疑問なしとしない。というのは，物上代位の場合には，同じく，債権を対象としながらも，467条という債権の公示の体系とは，異質の原理で動いているからである。従来，物上代位権の行使については，担保権者側からの論理で語られる気味があり，債権譲渡の対抗要件との整合性をはかる解釈論は等閑視されてきたように思われてならない。

第4章
非典型担保

第1節
はじめに

第2節
仮登記担保

第3節
譲渡担保

第4節
所有権留保

第*1*節　はじめに

1　非典型担保の意義と種類

序章で述べたように，典型担保にあっては，担保権者が，優先弁済を受けるためには，公的実行手続を経なければならない。要に，自分が手続を始めるか，他人が始めた手続に便乗するかの違いはあるが，優先弁済を受けるためには，裁判所に行かなければならない。なお，公的実行手続には競売手続と2003（平成15）年の改正により新たに導入された担保不動産収益執行手続があるが，公的実行手続のほとんどは競売手続で占められているので，以下の記述では，競売手続で公的実行手続を代表させることにする。

これに対して，非典型担保にあっては，担保権者は，担保目的物上の権利——所有権に限られるものではないが，以下，主流を占める所有権に代表させる——を，直接，被担保債権に充当することによって，優先的に弁済をはかることができる。すなわち，非典型担保の担保権者は，裁判所に行かなくても，私的実行によって，優先弁済を得ることができるというわけである。さて，これもすでに述べたことだが，この非典型担保には2つの方式が存在している。

1つは，担保設定時に担保目的物の所有権を担保権者に移転し，債務が履行された場合には所有権は設定者に返還されるが，履行がない場合には所有権をそのまま被担保債権の弁済に充当するという方式である。譲渡担保（**第*3*節**）がその典型であるが，所有権留保（**第*4*節**）も，この方式に分類することができる。所有権留保とは，動産の売買において代金債権の担保のために用いられる担保方法であり，買主の代金完済まで売主が売買目的物の所有権を自己に留保するという形式をとる。したがって，所有権留保では，譲渡担保とは異なり，担保設定者から担保権者への担保目的物の所有権の移転は起こっていないが，債権者である売主が担保設定時から担保目的物の所有権を有する点で，譲渡担保に類似している。

もう1つは，担保設定時に担保目的物の所有権を担保権者には移転させないで，債務が履行されない場合に，この所有権をもって被担保債権の弁済に充てるべく，担保権者に移転することを予約しておく方式である。この方式は，この予約上の権利を保全するために，担保設定時に仮登記（あるいは仮登録）が経由されることから，仮登記担保とよばれる。

2　非典型担保の存在理由

典型担保が，法律上，そもそも，担保としての機能を果たすべき制度として創設されたもの，比喩的にいえば，生まれながらの担保であるのに対して，非典型担保は，本来は担保とは別の制度を担保のために利用することによって，実務界が創設した制度である。それでは，生まれながらの担保があるのに，なぜ，非典型担保が用いられるようになったのだろうか。以下に述べるように，その理由には，非典型担保全般に当てはまるものと個別の担保方式に当てはまるものがある。

非典型担保全般に当てはまる理由としては，第一に，繰返しにはなるが，公的実行手続たる競売手続にまつわる問題がある。すなわち，競売手続は，裁判所に行かなければならないために，時間と手間がかかる上に，しばしば時価より低い価格でしか売却できないといわれる。そのために，簡易な実行方法を求めて非典型担保が用いられるということになる。

Column㊱　競売手続は，そんなに非効率か？

売買というのは，売りたい人と買いたい人の間で行われるものである。これに対して，競売手続は，売りたくない人間に無理やり売らせる制度であるから，時間がかかったり，通常の売買に比べて低い価格でしか売れないというのは，程度問題ではあるが，仕方がないことである。

ところで，ここに，1番抵当権しか付いていない不動産があるとしよう。この場合，抵当不動産の所有者と抵当権者の間で，この不動産の売却——抵当不動産の場合には任意売却とよばれることが多い——について合意が得られれば，抵当権者は，競売を経なくても，この不動産を売却した代金を抵当権の被担保債権に充当することによって，その債権の回収をはかることができる。しかし，もし，この不動産上に複数の抵当権が付いていたら，たとえ，所有者が任意売却に同意していても，事は，そう簡単ではない。というのは，1つでも抵当権が残っていたら不動産を買う人間は出てこないからである。

この不動産上に設定されている抵当権の被担保債権額の合計が，不動産価格より下回る場合には，不動産を売ったお金で抵当権を全部消すことができる。この場合は，すべての抵当権者は，任意売却に同意するはずであるから，事は簡単である。しかし，逆の場合は，どうだろうか？　競売の場合には，後順位のため配当が1円ももらえない抵当権であっても，売却によって消滅する（民執59条1項）。これに対して，任意売却の場合には，すべての抵当権者から抹消の同意を得なければならない。そこで，任意売却の場合には配当が回らない抵当権者にも，「はんこ代」と称する抵当権抹消のためのお金を渡すことが行われるという。

これに対して，非典型担保の場合には，典型担保に比べて，任意売却が容易であるといえよう。なぜ，そして，どこが，容易なのかは，これからの記述を読んで，各人で考えてほしい。

さらに，非典型担保の実行は，前述したように，担保目的物の所有権を，直接，被担保債権の弁済に充当するという方式をとるので，担保目的物の所有権の価額が被担保債権額を上回る場合には，担保権者は，その差額を利得できるといううまみもある。正確には「あった」ではあるが。ところで，ここに端的に示されているように，非典型担保では，元々，担保とは関係のない制度を利用しているので，その法形式に沿った処遇を与えると，その実質たる担保を超えた過大な効力を与えることになってしまう。そこで，いかにして，担保という実質に即した処遇を与えるかが課題となる。

次に，特に，譲渡担保に当てはまる理由としては，まず，民法典をはじめとする制定法上の動産の非占有型担保制度，いわゆる，動産抵当制度の不備を挙げることができる。すなわち，日常生活や営業活動に必要な動産については，担保設定者の下に，その占有をとどめておくのでなければ，実際上，担保に供することはできない。しかし，制定法上，動産抵当は，ごく限られた動産についてしか認められていない。これに対して，占有改定（183条），動産譲渡登記（動産債権譲渡特3条1項）も動産物権変動の対抗要件である引渡し（178条）の一態様として認められていることから，動産の所有者は，動産譲渡担保を用いることによって，その占有を自己の下にとどめたままで，当該動産を担保に供することが可能となる。また，不動産の譲渡担保にあっては，登記名義が担保権者に移るので，仮登記担保とは異なり，事実上，目的不動産について設定者側の第三者の出現を封じることができる。さらに，譲渡担保の場合，譲渡可能な財産権であれば，何でも，その目的とすることができる。そこで，ゴルフ会員権やコンピューター・ソフトウエアのような形成途上にある財産権をも担保の目的とすることができる。

第2節　仮登記担保

1　意　　義

たとえば，AがBに1億円を貸したときに，もし，Bが約定の期日に1億円を返さなかった場合には，Bが所有している甲不動産をもって本来の債務である1億円の弁済に代えるべく，AB間で，甲不動産を目的物とする停止条件付代物弁済契約あるいは代物弁済の予約がなされることがある。このような契約がなされると，Bが約定の期日にお金を返さなかった場合には，停止条件付代物弁済契約では停止条件の成就により，代物弁済の予約ではAの予約完結の意思表示により，Aは，甲不動産の所有権を取得し，これによって，Bに対する1億円の債権の回収をはかることができる。

ところで，停止条件付代物弁済契約や代物弁済の予約はAB2人の単なる取

図4-1

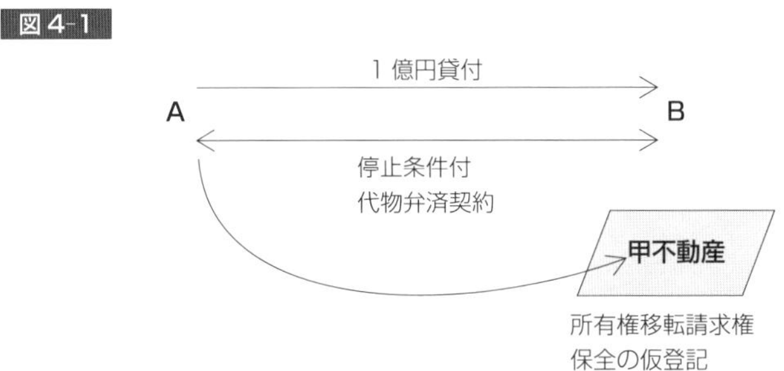

決めにすぎず，これによって，Aが第三者に対する優先的な地位に立つわけではない。たとえば，甲不動産がBからCに譲渡された後になって，停止条件が成就しても，Aは，Cに対して，甲不動産の所有権取得を主張することはできない。しかし，Aが，将来において所有権を取得する権利——所有権移転請求権——を保全するために仮登記（不登105条2号）を経由すると，仮登記の順位保全効（不登106条）により，第三者に対する関係においても，Aのこの権利は保全される。たとえば，停止条件が成就して，Aが甲不動産の仮登記を本登記に改めると，Aの本登記は仮登記の順位によるもの，換言すると，Cの所有権登記よりも先に行われたものと扱われる。そこで，Aは甲不動産の所有権取得をCに主張できるので，Aによる優先的な回収が可能となる。仮登記とは，このような形式の担保をいう。

2　仮登記担保法の制定

仮登記担保は，停止条件付代物弁済契約などの担保とは別の制度を担保に転用したものであるために，当初は，「代物弁済」に関する法理が，そのまま適用されていた。しかし，やがて，その実質は担保であることが自覚されるにつれ，担保としての効力を与えれば十分ではないかと認識されるようになった。そのうち，特に問題となったのは以下の点である。すなわち，

①　第*1*節**2**でも述べたように，担保権者（債権者）には，被担保債権額以上の利得を認めるべきではないので，仮登記担保の目的物の価額が被担保債権額を上回る場合には，差額について清算義務を課すべきではないか？

②　典型担保にあっては，たとえ，弁済期を過ぎていても，目的物が競売される前であれば，設定者は，債務を弁済して，その所有権喪失を免れることができる。したがって，仮登記担保においても，設定者は，停止条件成就あるいは担保権者による予約完結の意思表示によって，当然，目的物の所有権を失うことはなく，なお，一定期間，所有権を失わない，あるいは，所有権を取り戻すことができるとすべきではないか？

③　たとえば，甲不動産に，まず，Aが所有権移転の仮登記を，ついで，Bが抵当権の登記を経たとする。甲不動産が，Bの申立てに基づいて競売され，Cが買受人になったとする。このとき，仮登記の順位保全効を貫くと，Aの仮

登記は競売によって消滅することはなく，買受人Cに所有権移転登記がなされても，仮登記は抹消されずに残っている。そこで，Aの仮登記が本登記になると，Cの本登記に優先することになる。しかし，仮登記担保の場合には，その実質は担保である以上，Aに甲不動産の所有権取得を認める必要はなく，単に，Bが開始した競売手続内での優先弁済を認めれば足りるのではないか？

以上の点について，債権者に対して清算義務を課した最判昭和42年11月16日民集21巻9号2430頁を手始めに，最高裁は，最大判昭和49年10月23日民集28巻7号1473頁を頂点とする壮大な判例法理を形成するに至った。これらの判例法理により，仮登記担保は，担保としての実質に沿った内容・効力が与えられることになり，その行き着いた先が，1978（昭和53）年に制定された「仮登記担保契約に関する法律」（以下「仮登記担保法」という）である。しかし，同法によって，仮登記担保は，そのメリットをことごとく奪われたため，今日では，仮登記担保は，ほとんど用いられていない。そこで，以下では，仮登記担保法の大枠を概観するにとどめたい。

3　仮登記担保法の適用対象

仮登記担保法の適用対象である「仮登記担保契約」は，以下の3つの要件をすべて満たすものに限られる（仮登記担保1条）。

①　金銭債務を担保することを目的とするものであること。

②　債務の不履行があるときに債権者に債務者または第三者に属する所有権等の権利の移転等をすることを目的としてされた代物弁済の予約，停止条件付代物弁済契約その他の契約であること。

仮登記担保の典型例は，〔図4-1〕にあるように，「債務者」B自身が所有する不動産の「所有権」について債権者Aとの間で「代物弁済の予約」あるいは「停止条件付代物弁済契約」を締結するというものである。しかし，「債務者」ではなく「第三者」が，物上保証人として，債務者のために，その所有する不動産を代物弁済に供する場合もある（ただし，以下，本書では，説明の便宜のために，「債務者」に設定者を代表させる）。また，債権担保の目的を達するにあたって，代物弁済という法律構成を用いないで「売買予約」など他の法形式を用いる場合もある。さらに，所有権に代表される権利の移転だけではなく，債務不履行が生じたらある権利――たとえば，地上権，永小作権――を「設定」するという契約も，同法の適用対象に含まれる。ただし，抵当権等の担保権を目的とすることはできない（仮登記担保20条かっこ書）。なお，仮登記担保の目的は，通常は，土地・建物の所有権であることから，仮登記担保法は，2条以下で，土地・建物の所有権についての規定のみを置き，その他のものについては，これを準用するものとしている（仮登記担保20条）。

③　移転等される権利は，仮登記・仮登録のできるものであること。

Column㊲　仮登記担保の性格

仮登記担保法は，「仮登記担保権」という新たな担保物権を創設したものではなく，今，述べた3つの要件を満たす契約の効力を定めたものである。したがって，厳密にいうと，仮登記担保の設定を受けた債権者を「仮登記担保権者」とよぶのは正確ではなく，仮登記担保法13条1項も，同人を，「担保仮登記の権利者」とよんでいる。しかし，本書では，便宜のため，仮登記担保の設定を受けた債権者を「仮登記担保権者」とよぶことにする。もっとも，この点に関しては，仮登記担保法は，「仮登記担保権」という独自の物権を創設したととらえる見解も有力に主張されている。

4　仮登記担保の私的実行

(1)　債務者との関係（〔図4-2〕）

仮登記担保の実行は，原則として，仮登記担保権者が仮登記担保法1条に掲げられている代物弁済の予約などの契約に基づく権利を行使して，目的物の所有権を取得することによって行われる。これによって，仮登記担保権者は，面倒な競売手続を経ることなく，被担保債権の優先的回収をはかることが可能となるが，私的実行に際しては，**2**で述べたように，債権者の清算義務（①）および一定の時期までは債務者による担保目的物の受戻し（②）を認めることが要請される。以下では，仮登記担保法が，どのようにして①②の実現をはかっているかに留意しながら，その私的実行手続を概観することにする。なお，目的物について第三者による競売手続が開始された場合には，仮登記担保権者に

図4-2

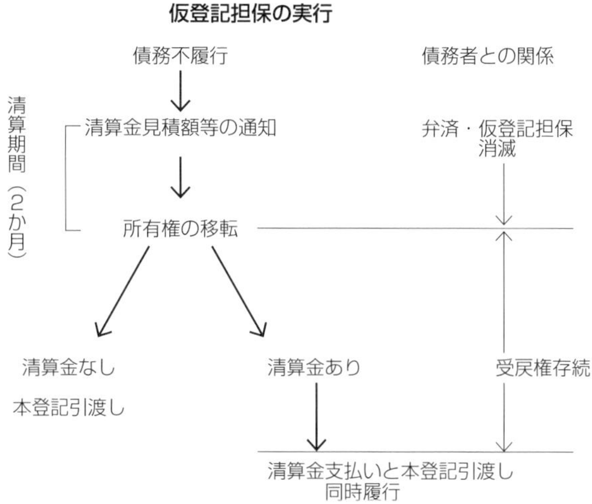

仮登記担保の実行

よる目的物の所有権取得を認めるか否かも問題となる（③）が，この問題については，(3)で説明することにする。

（ア）　所有権の取得

仮登記担保法による制約がなかったとすれば，債権者は，停止条件付代物弁済契約の場合には停止条件成就の日，代物弁済の予約の場合には予約完結の意思表示をした日などの「契約において所有権を移転するものとされている日（以下，「契約上取得日」という）」（仮登記担保2条1項）に所有権を取得することになる。しかし，同法2条は，債権者は，契約上取得日に，ただちに所有権を取得するのではなく，以下のような制約を課している。

すなわち，債権者は，①債務不履行が生じて契約上取得日が到来した後に，②目的不動産についての自分の評価による見積価額と被担保債権額，そして，前者が後者を上回っているときは，その差額である清算金の見積額，上回らないときは，清算金はない旨を債務者に通知する。そして，③②の通知が債務者に到達した日から2か月が経過した日に目的不動産の所有権移転の効力が生じる。

この2か月の期間を仮登記担保法は「清算期間」とよんでいる。債務者は，この「清算期間」内に，債務を弁済して，仮登記担保を消滅させることができる。すなわち，「清算期間」は，債務者にとっては，猶予期間の意味をもつものであり，なぜ，仮登記担保法が，この期間を「清算期間」と名づけたのかは不可解ではある。

なお，仮登記担保においては，往々にして，債権者Ａが，あらかじめ債務者Ｂから移転登記に必要な一切の書類を受け取っておいて，債務不履行が生じたら，これらの書類を使って，ただちに，自分に本登記をするということがある。しかし，清算期間経過前であれば，そもそも，Ａへの所有権移転は生じていないので，Ｂは，この本登記を抹消せよと要求できる。

（イ）清　算

(ア)で述べたように，清算期間が経過すると，目的物の所有権が債権者に移転すると同時に，目的物の価額に相当する金額だけ被担保債権が消滅する。すなわち，目的物の価額が被担保債権額を下回るときは，目的物の価額を限度として債権が消滅し（仮登記担保9条），逆の場合には，債権全額が消滅し，差額について債権者に清算金支払義務が生じる（仮登記担保3条1項）。そして，仮登記担保法は，この清算金支払義務の実効性を確保するために，債権者の清算金支払義務と本登記・目的物引渡請求権を同時履行の関係に立たせている（仮登記担保3条2項）。なお，この清算金支払義務については，無清算特約をはじめとする債務者に不利な特約は，清算期間経過後になされたものを除いて，無効とされている（仮登記担保3条3項）。

Column㊳　清算金の額と清算金の見積額

債権者が支払わなければならない清算金の額は，清算期間が経過した時点における目的物の価額と被担保債権額の差額である。すなわち，ここでの目的物の価額は，客観的価額であって，債権者が債務者への通知で提示した目的物の見積価額ではない（仮登記担保2条2項）。しかし，債権者は，この見積価額に拘束され，見積価額が客観的価額を上回る場合であっても，清算金の額が見積清算額よりも少ないということを主張することはできない（仮登記担保8条1項）。これに対して，債務者は，清算金の額を争うことができる。具体的には，債権者による本登記請求や目的物引渡請求において，同時履行の抗弁権を出して争うことになる。

（ウ）受戻権

清算期間が過ぎて，債権者Aが目的物の所有権を取得した後は，いったい，どうなるのだろうか？

まず，目的物の価額が被担保債権額を下回っていて，清算金が生じない場合には，Aは取得した所有権に基づいて，債務者Bに対して，目的物の引渡しと所有権移転の本登記手続を請求することになる。Bは，これに応じなければならない。それで終わりである。被担保債権は，目的物の価額分だけ消滅し，残りは無担保の状態で存続する。

これに対して，清算金支払義務が生じた場合には，Bは，Aから清算金の支払いを受けるまでは，被担保債権額に相当する額をAに提供して，目的物の所有権を取り戻すことができる。この権利を受戻権という。ただし，仮登記担保法のしくみでは，(イ)で述べたように，清算期間の経過とともに被担保債権は消滅する。そこで，受戻権は，債務者が「債権が消滅しなかったものとすれば，債務者が支払うべき債権等の額」を支払って，目的物の所有権を取り戻す権利ということになる（仮登記担保11条）。なお，このような権利がいつまでも続くのでは困るので，仮登記担保法11条但書は，清算期間経過後から5年経過したとき，あるいは，第三者が所有権を取得したときは，受戻権は消滅するものとしている。

(2)　後順位担保権者との関係（〔図4-3〕）

Aが仮登記担保権を有する不動産に，後に，Cのための抵当権が設定されたとする。このとき，Cのような後順位担保権者（抵当権者のほかに，質権者，先取特権者がいる）は，(1)でみた仮登記担保の私的実行のしくみの中で，どのように扱われるのだろうか？

まず，Aの仮登記が本来の仮登記である場合について考えてみよう。この場合，Aが，仮登記を本登記に改めるためには，後順位担保権者であるCの承諾を得なければならない（不登109条1項）。そして，Cの承諾があれば，Aの仮登記を本登記にすると同時に，Cの登記は抹消されることになる。

この理は，Aが仮登記担保権者である場合にも変わらない。Aは，Cに対して，本登記にするための承諾を求めることになる。ところで，Aの仮登記

図4-3

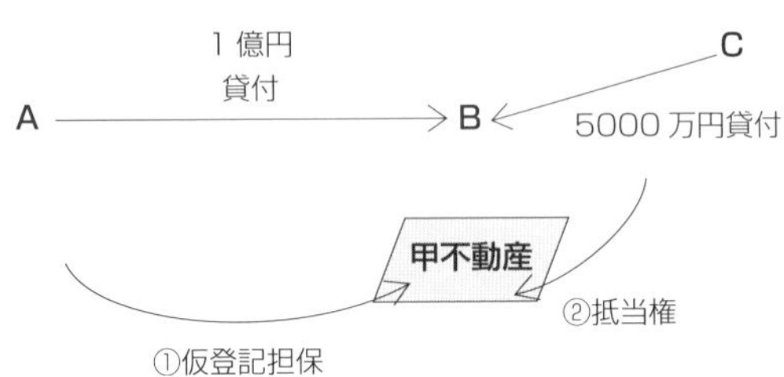

が本来の仮登記である場合には，Cは無条件で承諾を求められる。それでは，担保仮登記の場合にも，Cは無条件で承諾しなければならないのだろうか？実質的に考えると，Aの仮登記は担保のためだから，これを担保として扱い，被担保債権の優先弁済だけを認めればよいので，目的不動産の価額は，まず，Aの債権の弁済に充て，残りがあるときは，これをCの債権の弁済に充てればよいということになりそうである。しかし，このような分配は裁判所による配当手続でなら可能であるが，Aという私人の手になる仮登記担保の実行手続の中で行うのは難しいといわなければならない。

そこで，この難問を解決するために，仮登記担保法4条は，後順位担保権者は，債務者が取得する清算金請求権に対して物上代位できるものと定めた。Cは，物上代位の方法によって，Aから清算金を支払ってもらえば，それにより自分の債権の満足を受けたことになる。Cは，この支払いを受けるまでは，Aから本登記の承諾請求を受けても，同時履行の抗弁権によって，その請求を拒絶することができるというわけである。

仮登記担保法は，後順位担保権者の物上代位の機会を保障するために，債権者は，仮登記担保の実行にあたり，物上代位権を有する後順位担保権者に対しても，通知をしなければならないと規定している（仮登記担保5条）。なお，後順位担保権者は，債務者とは異なり，仮登記担保権者が示した清算金の見積額が少ないといって争うことはできない（仮登記担保8条2項）。清算金の見積額に不満な後順位担保権者は競売を申し立てなければならない（(3)参照）。

Column㊴　担保目的の仮登記と担保目的でない仮登記

以上の説明から，所有権移転の仮登記には，担保目的のものと担保目的でないものがあることがわかったと思う。担保目的でない場合の例としては，たとえば，〔図4-1〕において，Aは，B所有の不動産を2億円で買って，1億円を即金で支払い，残金を3年間の分割払いにして，3年後に，残金を完済したときに，移転登記をする約束をするとともに，買主としての権利を確保するために，残金完済時に所有権が自分に移転するという停止条件付所有権移転請求権について仮登記をしたとする。担保目的の仮登記が金銭の貸主の権利を保全するためのものであるのに対して，この買主Aの仮登記は，売買代金未払いの買主が代金完済時に有する所有権を自分に移転してもらうという権利を保全するためのものである。

(3)　目的不動産の競売との関係

(1)では，債権者が仮登記担保契約に基づく権利をどのように行使できるかについて検討した。それでは，仮登記担保が設定されている不動産が競売された場合，仮登記担保権者は，どのように処遇されるのだろうか。

〔図4-3〕をみてほしい。仮登記に後れて設定された後順位担保権者や一般債権者が申し立てた競売手続においては，この仮登記が担保目的でない場合には，仮登記は消滅せず，買受人の下でも存続する。これに対して，この仮登記が担保目的である場合には，抵当権と同様に処遇される。すなわち，抵当権と同様に，競売手続において配当を受け，消滅することになる（仮登記担保13条1項・16条1項）。また，〔図4-3〕とは逆に，仮登記に優先して設定された先順位担保権者が申し立てた競売手続においては，この仮登記が担保目的でない場合には，単純に消滅するだけなのに対し，この仮登記が担保目的である場合には，〔図4-3〕の場合と同様に，仮登記担保権者は，抵当権者と同様に処遇される。なお，仮登記担保法13条1項を読めばわかるように，仮登記担保権者は，競売手続において抵当権者と同様に処遇されるだけであり，目的不動産の競売を自ら申し立てることは認められていない。

ところで，仮登記担保権者のAが仮登記担保の実行に着手した場合には，後順位担保権者のC，あるいは他の一般債権者は，いつまで，甲不動産の競売を申し立てることができるのだろうか。仮登記担保法15条によれば，清算金があるときは，その支払いがなされるまで，清算金がないときは清算期間が経過するまでに，競売の申立てがなされ，それに基づく競売開始決定がなされたときは競売の方が優先する。また，このような競売開始決定がなされてしまえば，仮登記担保権者は，自分が先順位であることを主張して，仮登記担保の実行による所有権取得を主張することはできない（〔図4-3〕参照）。

5　用益権との関係

(1)　法定賃借権

抵当権にあっては，同一所有者に属する土地・建物に設定された抵当権の実行により，土地・建物の所有者を異にするに至ったときには，建物のために法定地上権が成立するとされている（388条）（第1章第4節3参照）。仮登記担保法にも，法定地上権と同じ発想に立つ規定が置かれているが，以下のような修正がほどこされている（仮登記担保10条）。

Bが所有する甲土地とその上にある乙建物のうち，乙建物についてAのために仮登記担保が設定され，Aが仮登記担保を実行したとする。

この場合，AとBの力関係を考えると，債権者であるAは，将来，自分が所有権を取得するかもしれない乙建物のための敷地利用権を確保するために，Bとの間で，Aが建物所有権を取得することを停止条件として，あらかじめ甲土地の利用契約を締結し，それを仮登記することによって第三者にも対抗することができる。したがって，仮登記担保法は，この場合について，特別な手当てを置いていない。これに対して，甲土地について仮登記担保が設定された場

図4-4

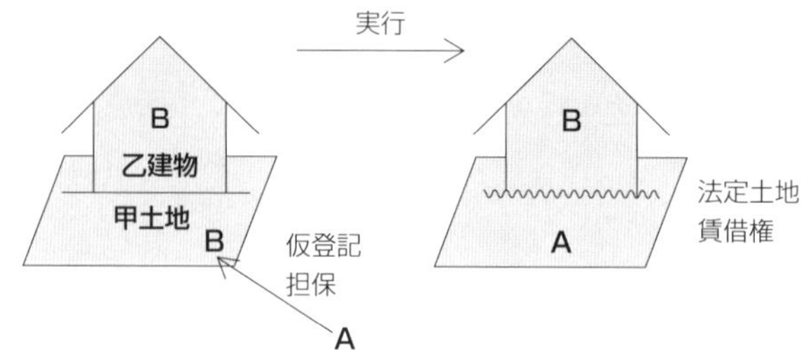

合には，AB間で，債務者であるBが所有する乙建物のために甲土地の利用契約が締結されることは期待できない。そこで，同法10条は，土地が仮登記担保の目的とされた場合についての法定の土地賃借権の規定を置いた（〔図4-4〕）。地上権にせず，賃借権にしたのは，現在，借地の場合に利用される用益権の圧倒的多数は賃借権であるという理由によるのであろう。

(2)　担保目的不動産上の賃借権

仮登記担保が実行されると，仮登記担保の目的不動産上に存在する賃借権の帰趨が問題となる。

まず，仮登記担保が実行されても，対抗力を備えた賃借権は存続する。これに対して，仮登記担保に劣後する賃借権は仮登記担保の実行により消滅するが，抵当権に関する明渡猶予期間（395条）の類推適用の可否が問題となる。類推適用がないとすると，賃借人は，即時に退去しなければならなくなる。しかし，賃借人は，賃借していた不動産に設定されていた担保が抵当権か仮登記担保かによって，明渡猶予期間が，一方は認められ，他方は認められないと区別する合理的理由は見出しがたいので，類推適用を肯定すべきであろう。

第3節　譲 渡 担 保

1　は じ め に

(1)　意　　義

たとえば，AがBにお金を貸したときに，Bが約定の期日にお金を返した場合には所有権を返還するという約束の下に，Bが所有している特定の不動産の所有権をAに移転することがある。このように，担保の目的である権利（特に，所有権）を設定者（債務者または物上保証人）が債権者に移転し，債務が弁済されれば，その権利は設定者に復帰するが，債務が履行されないと，その権利が確定的に債権者に帰属し，これによって債務は弁済されたものとするという形式の担保を譲渡担保という。

Column㊵　譲渡担保と売渡担保

担保の目的である権利を債権者に移転する形式の担保には，以下の2つの方法が考えられる。すなわち，今，述べたように，①金銭消費貸借契約などから生じた債権を担保するために，その債権を発生させた契約とは別個の契約で担保の目的である権利を移転するという方法と②担保の目的である権利について売買契約を締結し，その代金という形をとって買主（債権者）から売主（債務者）に金銭が交付され，売主は，その代金を買主に返還することによって権利を取り戻す（取戻しの方法としては，再売買の形式をとるときは「売買の一方の予約」〔556条〕，売買契約解除の形式をとるときは「買戻し」〔579条以下〕が用いられる）という方法である。このように法形式上は，①では被担保債権が存在しているのに対して，②では存在していない。そのため，かつては，①を「(狭義の) 譲渡担保」，②を「売渡担保」として，別個の法的規制に服させようとする傾向があった。すなわち，すでに，述べたように，非典型担保にあっては，担保という実質を超えた法形式がとられているために，そこでの課題は，いかにして，担保という実質に即した処遇を与えるかにある（第*1*節**2**参照）。そこで，①については，この課題に答えて，債権者の清算義務や債務者の受戻権が認められたのに対して，②については，その法形式に忠実に「売買の一方の予約」や「買戻し」の規定が適用されると解されてきた。しかし，その後，担保に対する取扱いとして必ずしも合理性のない民法の規定の適用は排除すべきであるとして，売渡担保を譲渡担保に吸収し，売渡担保の存在理由を否定する学説が主流を占めるに至った。最高裁も，最判平成18年2月7日民集60巻2号480頁において，買戻特約付売買契約の形式がとられていても，目的不動産の占有の移転を伴わない契約は，特段の事情のない限り，債権担保の目的で締結されたものと推認され，その性質は譲渡担保契約と解するのが相当であると判示している。

(2)　法律構成

(1)でみたように，譲渡担保においては，担保の目的である権利（所有権であることが圧倒的に多いので，所有権を念頭に置き，以下「担保目的物」という）を譲渡担保権者に移転するという形式がとられる。そのため，かつては，この形式に忠実に，担保目的物の所有権は完全に譲渡担保権者に移転しており，譲渡担保権者は，設定者に対して，担保目的を超えては移転を受けた所有権を行使しないという債務を負っているにすぎないととらえるのが一般的であった（所有権的構成）。しかし，前述したように，譲渡担保の実質は担保であることから，今日，学説においては，譲渡担保権者を完全な所有権者とせず，設定者にも目的物について何らかの物権が帰属していると解するのが通説となっている（担保的構成）。

Column㊶　担保的構成

担保的構成をとる考え方も，担保目的物の所有権の所在をめぐって大きく2つに分けることができる。1つは，所有権は譲渡担保権者にあることを一応は認めた上で，ただ，それは，担保の目的に応じた部分に限られ，残り（これを「設定者留保権」という）は設定者に留保されているとする考え方（以下「設定者留保権説」という）であり，他の1つは，所有権はあくまでも設定者の下にとどまっており，譲渡担保権者は担保権を取得するのにとどまっているとする考え方（以下「担保権説」という）である。しかし，両説とも，その中では，さらに，いくつかに分かれており，また，いずれの説においても，設定者留保権あるいは担保権の具体的内容，したがって，いかなる場合に，いかなる差異をもたらすかについては，いまだ，十分に明らかにされていない状況にある。また，両説ともに，当たり前といえば当たり前だが，法形式から乖離した法律構成ではあるが，担保権説の方が乖離の度合いは大きいといえる。そこで，法律構成に際しては，どの程度までの乖離ならば許容されるのかという問題もある。

Column㊷　「外部的に移転」と「内外部ともに移転」

かつて，大審院は，譲渡担保には，担保目的物の所有権が「外部的にのみ移転」するものと「内外部ともに移転」するものがあるとしていた。しかし，いずれの類型にあっても，対外関係――第三者との関係――では，譲渡担保権者は完全な所有権者であり，設定者には物権的な権利は何もないとされた。したがって，たとえば，譲渡担保権者から担保目的物を取得した第三者は，たとえ，その物が担保目的物であることを知っていても，完全な所有権者となり，設定者は，譲渡担保権者に対して，損害賠償請求ができるだけだとされた。これに対して，対内関係――譲渡担保権者と設定者間の関係

――では，両者は異なる扱いを受けた。たとえば，「外部的にのみ移転」型では，対内関係においては，所有権は譲渡担保権者に移転していないので，設定者は，自分の所有権に基づいて，担保目的物を利用していることになる。したがって，設定者が担保目的物を利用するに際して譲渡担保権者と締結した賃貸借契約は無効となり，譲渡担保権者が，設定者の賃料不払いを理由として，賃貸借を解除しても，解除は効力を生じないことになる。これに対して，「内外部ともに移転」型では，賃貸借契約は有効であるので，賃料不払いによる解除も有効ということになる。

さて，大審院は，このように，第三者に対する関係では，譲渡担保の設定者に対して担保目的物に対する物権的権利を認めることは断念したが，対内関係については，担保の目的からみて必要にして十分な権利を譲渡担保権者に与える「外部的にのみ移転」型を原則とし，「内外部ともに移転」型を例外としていた。ここには，不十分ながらも，譲渡担保について，担保の実質に即した処遇を与えようという姿勢がみてとれる。これに対して，学説は，譲渡担保について，関係的所有権移転――内部的には移転せず，外部的にのみ移転する――という法律構成を与える必要はないと批判した。そこで，大連判大正13年12月24日民集3巻555頁において，判例変更を行い，「内外部ともに移転」型が原則であるとした。しかし，その後，判例は，内部関係における処遇の違いをもたらす「外部的にのみ移転」「内外部ともに移転」という区別を用いなくなった。

その後の判例の推移をみると，基本的には，担保目的物の所有権は完全に譲渡担保権者に移転するとの立場に立ちながらも（最判昭和62年11月12日判時1261号71頁，最判昭和62年11月10日民集41巻8号1559頁），担保という実質に沿った処理を個々の問題ごとに行うという状況が長い間続いていた（最判昭和41年4月28日民集20巻4号900頁，最判昭和57年9月28日判時1062号81頁）。しかし，近年は，所有権は譲渡担保権者に移転するが，移転の効力は，債権担保の目的を達するのに必要な範囲にとどまり，設定者に一定の物権が残っているとの立場を鮮明に出す傾向にある（最判平成5年2月26日民集47巻2号1653頁，最判平成7年11月10日民集49巻9号2953頁）。

さて，不動産や個別動産のような特定した有体物は，古くから，譲渡担保に供されていたが，近年は，それに加えて，流動資産も譲渡担保の目的物とされるようになってきた。流動資産の譲渡担保には固有の問題も多いために，以下，不動産や個別動産のような特定した有体物の譲渡担保と流動資産の譲渡担保に分けて説明することにする。

2　特定した有体物——不動産・個別動産——の譲渡担保

(1)　設　　定

債権者と設定者（債務者または物上保証人）との間の諾成・無方式の契約によって設定される。買戻しや再売買の予約がされた売買契約も，担保目的を有している限り，譲渡担保設定契約と解すべきことは，すでに，述べたとおりである（Column ㊵参照）。

被担保債権は，将来債権でもよく，また，不特定の債権でもよい。

(2)　公 示 方 法

(ア)　不 動 産

所有権の移転登記によって行われる（177条）。登記原因は「売買」が多いが，登記実務上は「譲渡担保」を登記原因とすることも認められている。ただし，2004（平成16）年の不動産登記法の改正により，権利に関する登記を申請する場合には，「登記原因を証する情報」の提供が必須となった（不登61条）。そのため，実態調査はないが，真実の登記原因である「譲渡担保」を登記原因とすることが多くなっているのではないだろうか。しかし，「譲渡担保」を登記原因とする場合であっても，抵当権の登記（第1章第*2*節**2**(4)参照）とは異なり，被担保債権額や利息を登記することは認められていない。いずれにせよ，登記簿上は，譲渡担保権者が目的不動産の完全な所有者たる外観を呈することから，さまざまな問題が生じる（(5)参照）。

(イ)　動　　産

引渡しである（178条）。譲渡担保にあっては，通常，目的物の占有は設定者にとどめられることから，占有改定（183条）によることが多い。判例は，譲渡担保契約が締結され，設定者が引き続き目的物を占有している場合には，それだけで占有改定による引渡しがあったものとしている（最判昭和30年6月2

日民集9巻7号855頁）。また，法人が動産を譲渡する場合には，動産譲渡登記（動産債権譲渡特3条1項）を用いることもできる。

Column㊸　動産譲渡登記

占有改定は，それによる外観の変化がないために，実際上は，公示方法としての機能は無に等しい。そのため，占有改定によって対抗要件を具備した譲渡担保権者は，第三者によって譲渡担保の目的物が即時取得（192条）されるリスクを抱え込むことになる。このことは，第三者の方からみれば，すでに譲渡担保の目的物となっている物を取引の対象としてしまうリスクを意味する。動産譲渡登記は，これらのリスクを軽減するために，2004（平成16）年に「動産及び債権の譲渡の対抗要件に関する民法の特例等に関する法律」（以下，動産債権譲渡特例法）によって，導入されたものである。同法は，1998（平成10）年に制定された「債権譲渡の対抗要件に関する民法の特例等に関する法律」の改正法である。

ただし，動産譲渡登記は，178条の引渡しの1つとして位置付けられており，占有改定に優先するものではない（動産債権譲渡特3条1項）。したがって，動産譲渡登記は，前述した2つ目のリスク，すなわち，すでに譲渡担保の目的物となっている物を取引の対象としてしまうリスクには，対処できていない。

(3)　効力の及ぶ範囲

(ア)　目的物の範囲

通説は，抵当権に関する370条を類推適用して，譲渡担保の効力は，付加物・従物および従たる権利にも及ぶとする。また，物上代位（304条）も認められるとする。

Column㊹　物上代位

図4-5

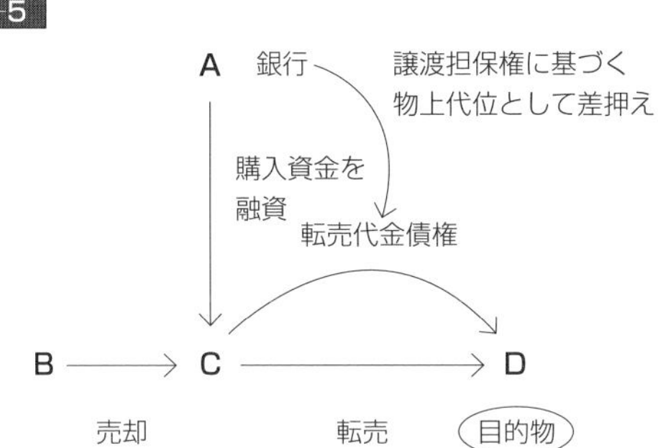

最決平成11年5月17日民集53巻5号863頁は，動産を目的とする譲渡担保において，目的物の売却代金に対する物上代位を認めた。しかし，この事案では，債権者（譲渡担保権者）であるA銀行は，債務者（設定者）Cが，Bから譲渡担保の目的物を購入するための資金を融資したものであり，また，Cは，A銀行から，当該目的物を処分する権限を与えられていたので，CがDに転売すれば，A銀行の譲渡担保権は消滅する運命にあった。このようにA銀行は，売却代金への物上代位が異論なく認められている動産売買先取特権者に比される立場にあった。そのため，同判決では，最高裁も，本件の「事実関係の下においては」と限定を付して，譲渡担保権に基づく物上代位を認めている。

しかし，その後，最高裁は，最決平成22年12月2日民集64巻8号1990頁において，譲渡担保の目的物が滅失した場合にその損害を塡補するために支払われる損害保険金にかかる請求権に対する物上代位を認めた。

（イ）　被担保債権の範囲

抵当権に関する375条の類推適用が問題となる。不動産譲渡担保の場合には，事実上，後順位担保権者の生じる余地がなく，また，利息等の公示方法がないので，同条は類推適用されず，元本，利息，遅延損害金全額について優先権を有すると解してよい（通説，最判昭和61年7月15日判時1209号23頁〔傍論〕）。

(4)　設定当事者間の関係

(ア)　目的物の利用関係

設定当事者のいずれが目的物を占有・利用するかについては，譲渡担保設定契約によって自由に定めればよい。しかし，反対の特約がない限り，設定者に利用権があると推定されている（通説）。

さて，所有権的構成に立つと，目的物の所有権は譲渡担保権者に完全に移転するために，設定者の利用権限は，設定当事者間で約定された利用権（たとえば賃借権）に基づくという説明を要することになる。これに対して，担保的構成に立つ場合には，設定者の利用は，端的に，設定者の有する権原――設定者留保権説では設定者留保権，担保権説では所有権――に基づくことになる。

(イ)　目的物の侵害

❶　譲渡担保権者による侵害　　所有権的構成の下では，設定者に物権の帰属を認めないために，譲渡担保権者が，目的物を滅失・毀損したり，また，特に，不動産譲渡担保にあっては第三者に取得せしめたりした場合，譲渡担保権者は，設定者に対して，設定契約に基づく債務不履行責任を負うにとどまる。しかし，担保的構成によれば，債務不履行責任に加えて，設定者の所有権（担保権説の場合）あるいは設定者留保権（設定者留保権説の場合）の侵害として不法行為責任をも負うことになる。また，設定者には，物権的請求権も認められるので，妨害排除や予防を請求できる。

❷　設定者による侵害　　設定者が，目的物を滅失・毀損したり，また，特に，動産譲渡担保にあっては，第三者に善意取得させる場合がある。この場合，設定者は，譲渡担保権者の所有権（設定者留保権説の場合）あるいは譲渡担保権（担保権説の場合）侵害の不法行為責任を負い，さらに，譲渡担保権者は物権的請求権を取得する。なお，設定者の増担保義務，期限の利益の喪失については，抵当権と同様に考えてよい（第1章第*3*節**4**(2)参照）。

(5)　設定当事者と第三者との関係

(ア)　は じ め に

譲渡担保においては，その実質は担保であるといっても，形式上は，担保目的物の所有権は完全に譲渡担保権者に移転する。さらに，動産譲渡担保のうち，担保目的物の占有を設定者にとどめるタイプ（以下「動産譲渡抵当型」という）にあっては，設定者が完全な所有者のような外観を呈する。このように，譲渡担保にあっては，シェークスピアの「十二夜」あるいはモーツァルトのオペラ「フィガロの結婚」ではないが，所有権の所在をめぐって，二重，三重に錯綜した状況が生じる。そのため，担保目的物について第三者が登場した場合に，設定当事者と第三者の利害をどのように調整すべきかが問題となる。ここで，第三者には，設定者側の第三者と担保権者側の第三者が存在する。

（イ）　設定者側の第三者と譲渡担保権者との関係

❶　設定者による処分の相手方との関係　　動産譲渡担保，特に，設定者に担保目的物の現実の占有がとどめられている動産譲渡抵当型では，設定者が担保目的物を自分の所有物として第三者に譲渡することがある。この場合，所有権的構成に立つと，設定者は無権利なので，第三者の保護は即時取得（192条）に委ねられることになる。すなわち，第三者は，設定者が無権利であることについて善意・無過失であるときに限り，所有権を取得する。担保的構成に立っても，第三者は，譲渡担保権の存在について善意・無過失である場合に限って，負担のない完全な所有権を取得する。しかし，所有権的構成によるのとは異なり，即時取得の要件を満たさない場合であっても，第三者は，担保権説によれば譲渡担保権の負担付きの所有権を，設定者留保権説によれば設定者留保権を取得することになる。

なお，前述した動産譲渡登記によって対抗要件が具備された場合であっても，即時取得は妨げられない。しかし，動産債権譲渡特例法による登記ファイルを調査せずに，取引慣行上，譲渡担保に供されることが少なくない動産を譲り受けた者は，192条の過失ありと判断される可能性がある。

Column㊺　譲渡担保権の設定

設定者が，第三者に，単に譲渡したのではなく，譲渡担保に供した場合はどうなるのだろうか。たとえば，Aが，まず，Bのために譲渡担保権を設定し，ついで，Cのために譲渡担保権を設定した場合である（〔図4-6〕）。

ここでも，まず，Cによる譲渡担保権の即時取得の可能性が考えられる。しかし，判例（たとえば，最判昭和32年12月27日民集11巻14号2485頁）

図4-6

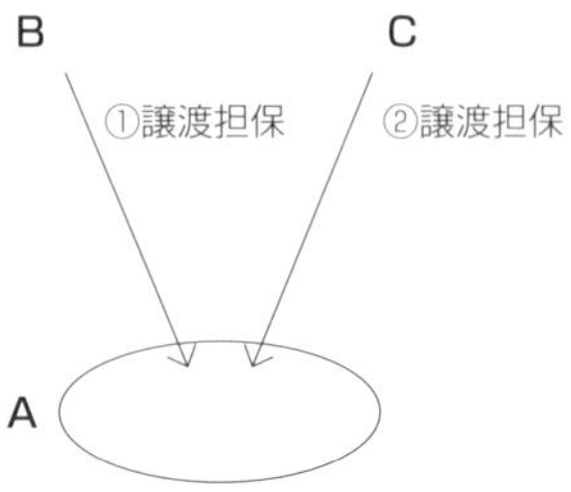

によれば，占有改定による即時取得は否定されているので，Cによる即時取得は認められないことになる。したがって，所有権的構成に立てば，Cは無権利ということになる。これに対して，担保的構成に立った場合には，そのうちのいかなる説をとるかによって，結論が異なってくる。まず，担保権説に立てば，Aは所有者であるので，Cは，第2順位の譲渡担保権を取得することになる。また，設定者留保権説に立てば，Aが有するのは設定者留保権なので，Cは，設定者留保権を担保目的として取得することになる。

なお，最判平成18年7月20日民集60巻6号2499頁は，「重複して譲渡担保を設定すること自体は許されるとしても」と判示し，後順位譲渡担保権の設定自体は認めているが，それに続いて「劣後する譲渡担保に独自の私的実行の権限を認めた場合，配当の手続が整備されている民事執行法上の執行手続が行われる場合と異なり，先行する譲渡担保権者には優先権を行使する機会が与えられず，その譲渡担保は有名無実のものとなりかねない」として，後順位譲渡担保権者による私的実行を認めなかった。

これに対して，不動産譲渡担保では，対抗要件が具備されていれば，登記名義は譲渡担保権者にあるので，設定者による処分は，事実上，不可能である。対抗要件が具備されていないときは，譲渡担保権者は，その権利を第三者に対抗できないので，設定者から処分を受けた者は，完全な所有権を取得する。

❷　設定者の債権者による差押え　　動産譲渡抵当型の動産譲渡担保では，設定者の債権者が担保目的物を差し押さえることがある（〔図4-7〕）。

図4-7

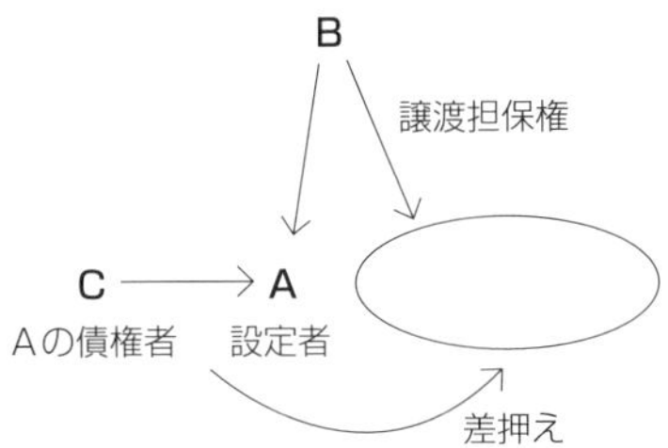

この場合，所有権的構成に立つと，目的物の所有権は完全に譲渡担保権者(B)に移転しているので，譲渡担保権者は，第三者異議の訴え（民執38条）によって，差押えを排除することができる（最判昭和56年12月17日民集35巻9号1328頁〔旧民事訴訟法下の事件〕，最判昭和58年2月24日判時1078号76頁〔民事執行法下の事件〕）。

これに対して，担保的構成に立った場合には，Bは，Cが開始した強制執行手続において優先弁済を受けられれば，それで十分であるので，第三者異議訴訟を認める必要はないということになりそうである。しかし，民事執行法は譲渡担保権者に配当要求を認めておらず（民執133条），また，解釈によって認めるのも困難である。そのために，譲渡担保権者に，第三者異議訴訟を認め，私的実行によって，優先弁済を受けさせるしかない。

これに対して，不動産譲渡担保の場合には，設定者の債権者による差押えは起こりえない。というのは，民事執行法上，設定者が登記事項証明書に所有者として記載されていなければ，同人の債権者による差押えは認められないからである（民執規23条1号）。

（ウ）　譲渡担保権者側の第三者と設定者との関係

ここでは被担保債権の弁済期前に登場した第三者だけを扱うことにする。被担保債権の弁済期後に第三者が登場した場合については，譲渡担保権の実行の箇所（(6)）で扱う。

❶　譲渡担保権者による処分の相手方との関係　　不動産譲渡担保では，所有権の登記名義が譲渡担保権者にあるので，被担保債権の弁済期前であっても，譲渡担保権者が，目的物を自己の完全な所有物として第三者に譲渡するこ

とが起こりうる。このとき，所有権的構成に立つと，譲渡担保権者は完全な所有権を有するので，第三者は完全な所有権を取得することになる。

これに対して，担保的構成に立つと，第三者は完全な所有権を取得していないので，設定者に目的物の引渡しを請求することはできず，また，設定者は，被担保債権を弁済すれば，完全な所有権を回復できる。もっとも，譲渡担保権者が完全な所有権を有していると信頼して譲渡を受けた第三者は，94条2項の類推適用によって保護される可能性がある。

動産譲渡担保の場合も，理論上は，第三者の保護が192条に委ねられている以外は，不動産譲渡担保の場合と異なるところはない。ただし，動産譲渡抵当型では，第三者に過失ありとされる場合が多いであろう。

❷　譲渡担保権者の債権者による差押え　　動産執行においては，目的物を債務者以外の第三者が占有する場合には，その第三者が執行官への目的物の提出を拒むと差押えができない（民執124条）。したがって，設定者が目的物を占有している動産譲渡抵当型では，譲渡担保権者の債権者が差し押さえることは，事実上，不可能といってよい。

これに対して，不動産譲渡担保では，所有権の登記名義が譲渡担保権者にあるので，譲渡担保権者の債権者による差押えが起こりうる（〔図4-8〕）。

図4-8

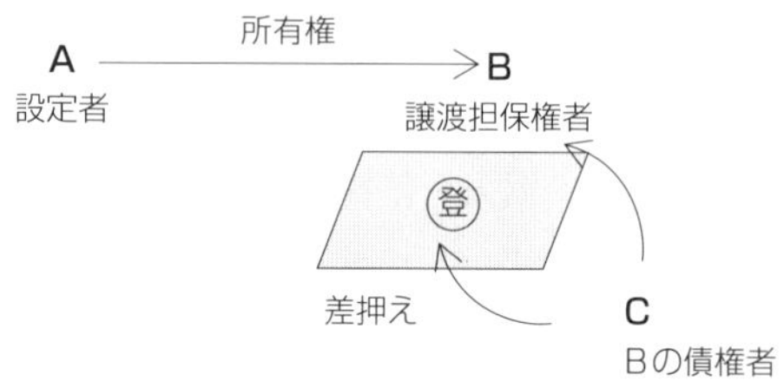

所有権的構成に立つと，設定者は無権利であるために，第三者異議の訴えによって，この差押えを排除することはできない。これに対して，担保的構成に立つと，設定者には第三者異議の訴えが認められる。ただし，差押債権者は，94条2項の類推適用によって，保護される可能性はある。

Column㊻ 最判平成18年10月20日民集60巻8号3098頁

同判決は，「(被担保債権の）弁済期前においては，譲渡担保権者は，債権担保の目的を達成するのに必要な範囲内で目的不動産の所有権を有するにすぎず，目的不動産を処分する権能を有しない」から，「(譲渡担保権者の債権者による）差押えによって設定者による受戻権の行使が制限されると解すべき理由はない」として，弁済期前に譲渡担保権者の債権者が目的不動産を差し押さえた場合には，設定者は，弁済期までに債務の全額を弁済して目的不動産を受け戻したときは，第三者異議の訴えを提起できると判示した。ただし，同判決は，被担保債権の弁済期後に，譲渡担保権者の債権者が目的不動産を差し押さえた事案なので，この判示部分は，厳密には傍論である。

同判決は，受戻しを条件として，設定者による第三者異議訴訟を認めている。これに対して，受戻しをしていない場合であっても，設定者は，弁済期前にあっては，所有権を回復する可能性があるので，この可能性を理由に，第三者異議訴訟を認めるべきであるとの考え方も主張されている。

（エ） 第三者による侵害

❶ 占有侵奪の場合　第三者が目的物の占有を奪った場合には，所有権的構成によれば，譲渡担保権者には所有権に基づく返還請求権が認められるのに対して，設定者には占有訴権以外の物権的請求権は認められない。これに対して，担保的構成によれば，譲渡担保権者，設定者ともに，物権を有していることになるので，両者ともに，物権的請求権が認められる（最判昭和57年9月28日判時1062号81頁は，設定者からの請求を認めた例)。

❷ 目的物の滅失・毀損の場合　所有権的構成によれば，譲渡担保権者だけが，所有権侵害として，滅失・毀損した第三者に対して，不法行為に基づく損害賠償を請求できる。これに対して，担保的構成のうち担保権説に立った場合には，抵当権侵害の場合に準じて考えればよい（第1章第*3*節**4**参照)。また，設定者留保権説に立った場合には，譲渡担保権者は，所有権侵害として不法行為に基づく損害賠償請求権を取得する。しかし，損害額は被担保債権の範囲に限られ，残りは，設定者が，設定者留保権に基づいて，第三者に対して，直接，請求権を有すると解される（最判平成5年2月26日民集47巻2号1653頁は，損害保険の被保険利益について，譲渡担保権者，設定者は，それぞれ，被保険利益を有する

と判示した)。

(6)　実　　行

(ア)　はじめに

弁済期が到来したにもかかわらず，債務者が被担保債権を弁済しない場合には，債権者は，譲渡担保権を実行して，担保目的物から被担保債権を回収することになる。ここで，譲渡担保権の実行は，仮登記担保と同様に，裁判所が関与しない私的な方法によって行われる。

ところで，譲渡担保の実質は担保にある以上，債権者たる譲渡担保権者には被担保債権額以上の利得を与えるべきではなく，目的物の価額が被担保債権額を上回る場合には，譲渡担保権者は，設定者に対して清算義務を負い，また，債務者が債務不履行に陥った後にあっても，譲渡担保権者が実行に着手する前であるならば，設定者による目的物の受戻しが認められるべきである。そこで，譲渡担保の実行を考える場合においては，仮登記担保の場合と同様に，清算義務の履行の確保方法と受戻権の存続期間の２点に留意しなければならない（第2節4(1)(イ)参照)。

(イ)　実行方法

❶　学　説　　仮登記担保の実行方法は，仮登記担保法によって，帰属清算方式に限定されることになった（第2節4(1)(ア) 参照)。帰属清算方式とは，目的物の所有権を適正な評価額で担保権者に取得させるとともに，評価額と被担保債権額の差額を設定者に交付する方法である。これに対して，譲渡担保の実行方法は，帰属清算方式に加えて処分清算方式が認められる。処分清算方式とは，目的物を第三者に処分して，その処分代金をもって被担保債権の弁済に充当するとともに，処分代金と被担保債権額の差額を清算金として設定者に交付する方法である。学説は，両者においては，受戻権の存続期間および設定者の清算金確保方法をめぐって，以下のような差異があると説いてきた。

すなわち，帰属清算方式にあっては，設定者が清算金の支払いを受けるまでは受戻権が存続するので，譲渡担保権者が清算金の支払いの前に目的物を第三者に処分しても，受戻権は消滅せず，第三者は受戻権の負担の付いた所有権を取得するにすぎない。また，設定者への担保権者からの目的物の引渡請求に対しては，清算金の支払いと引換給付の関係に立たせることで，また，第三者からの引渡請求に対しては，留置権を認めることによって，設定者は，清算金支払いを確保することができる。これに対して，処分清算方式にあっては，目的物が第三者に処分された時点において受戻権は消滅し，また，設定者は，清算金の支払いを受ける前に，第三者に対して目的物を引き渡さなければならない，と。このように，処分清算方式にあっては，帰属清算方式に比べて，受戻権の存続期間が短く，また，設定者の清算金の確保が難しい。そこで，学説の多数は，譲渡担保の実行方法は帰属清算方式が原則であり，処分清算方式は，当事者が，譲渡担保設定契約において，その旨を特約した場合に限定されると解している。しかし，以下にみるように，判例は，そのようには考えておらず，帰属清算方式と処分清算方式を，譲渡担保権者が選択できる2つの清算方法として位置づけている。

❷　判　例

(a)　受戻権の存続期間　　最判平成6年2月22日民集48巻2号414頁は，「債務者が弁済期に債務の弁済をしない場合には，債権者は，右譲渡担保契約がいわゆる帰属清算型であると処分清算型であるとを問わず，目的物を処分する権能を取得するから，債権者がこの権能に基づいて目的物を第三者に譲渡したときは，原則として，譲受人は目的物の所有権を確定的に取得し」，設定者の受戻権は消滅するとした。すなわち，判例によれば，債務者が債務不履行に陥った後に，譲渡担保権者が目的物を第三者に処分した場合には，常に，受戻権は消滅することになる。

Column㊼　仮登記担保における受戻権と譲渡担保における受戻権

仮登記担保においては，債権者による実行通知が設定者に到達してから2か月を経過した時点において，所有権が仮登記担保権者に確定的に移転するとともに被担保債権も消滅し，その後の受戻しによって設定者は所有権を取り戻すという二重構造を採用している（仮登記担保2条）。すなわち，仮登記担保における受戻権は，いったん仮登記担保権者に移転した所有権を取り戻す機能を営む法律によって特に認められた形成権であると解される（第2節4(1)(ウ)参照）。これに対して，譲渡担保にあっては，判例（最判昭和62年

2月12日民集41巻1号67頁）は，受戻権が消滅したときに，設定者は目的物の所有権を終局的に失い，被担保債権消滅の効果が発生するとしている。このことは，譲渡担保においては，判例は，仮登記担保のような二重構造は採用しないことを意味している。すなわち，譲渡担保においては，受戻権を特別な権利と観念する必要はない。譲渡担保権における受戻権の問題は，結局は，設定者は，いつまで被担保債権を弁済して，目的物の所有権を回復できるかということに帰着する。判例（最判昭和57年1月22日民集36巻1号92頁）も，受戻権を1個の形成権として法律構成する余地はないとして，改正前167条2項（改正166条2項）の適用を否定する。

(b)　清算金の確保方法　　❶で述べたように，学説は，処分清算方式においては，設定者は，清算金の支払いがないことを理由に第三者からの引渡請求を拒むことはできないと解している。これに対して，最判平成9年4月11日裁時1193号1頁，最判平成11年2月26日判時1671号67頁は，設定者は，第三者からの引渡請求に対して，債権者である譲渡担保権者に対する清算金支払請求権を被担保債権とする留置権を主張できると判示した（第3章第*1*節**2**(2)参照）。

Column㊽　清算金が生じない場合

最判昭和51年9月21日判時832号47頁は，清算金が生じない場合には，弁済期が過ぎると同時に目的物の所有権は確定的に譲渡担保権者に帰属し，それに伴って被担保債権が消滅するので，設定者の受戻権は消滅すると解していた。しかし，その後，判例は変更され，譲渡担保権者が設定者に対して清算金が生じない旨を通知した時点，あるいは，第三者に目的物を処分した時点で，受戻権は消滅するとした（前掲最判昭和62年2月12日）。

3　流動資産の譲渡担保

(1)　は じ め に

企業の資産中には，企業が順調に活動を続ける限り新陳代謝を繰り返すものがある。たとえば，在庫商品は，次々と倉庫から出され販売されるとともに，また，新しい商品が入ってくる。また，売掛債権は，弁済によって消滅するとともに，また，新たな売掛債権が発生するという具合に。これら日々新陳代謝を繰り返す資産を，新陳代謝を繰り返す状態のまま担保にとろうとするときに用いられるのが，流動資産の譲渡担保である。さて，この流動資産の譲渡担保にあっては，以下の要件を満たす必要がある。すなわち，

①　将来，設定者が取得する流動資産については，何ら新たな行為がなくても自動的に担保権の効力が及ぶ。

②　設定者が，担保設定時に有している流動資産だけではなく，将来，取得する流動資産についても，担保設定時において一括して対抗要件を具備できる。

③　企業は，その活動を続けるためには，在庫商品であれば，自由に売却でき，売却した商品には担保の効力が及ばず，売掛債権であれば自由に取り立て，その取立金を自己の営業活動のために使用できるという具合に，これら流動資産を自由に処分する権能を有していることが必要である。したがって，設定者である企業に一定の信用悪化事由が発生するまでは，設定者には，通常の営業の範囲内で，担保目的物となった流動資産に対する処分権が認められる。

しかし，同じく流動資産の譲渡担保であっても，動産と債権では，異なる法的構成が与えられている。本書では，なぜ，法的構成が異なるかに留意して，流動資産の譲渡担保に特有の問題を概観したい。

(2)　流動動産譲渡担保

(1)で述べた①～③の要件を中心に，流動動産譲渡担保の問題点をみることにしよう。

(ア)　法的構成――担保目的物は何か？

(1)の①③で述べたように，在庫商品なら在庫商品という動産群を新陳代謝を繰り返す状態のままで担保にとるためには，担保設定後に設定者が取得した動産については，設定当事者が何もしなくても，自動的に担保の効力が及ぶとともに，設定者が通常の営業の範囲内で売却した動産については，担保の効力は及ばなくなるということが必要である。そこで，この要件を満たすために，流動動産譲渡担保の目的物をめぐって分析論と集合物論という2つの考え方が

提案されている。

分析論は，分析論という名前が示すとおり，流動動産譲渡担保の担保目的物は，動産群を構成する個々の動産であるとする。そして，設定後の担保目的物の変動を説明するために，流動動産譲渡担保契約は，個々の動産が動産群に加入することを停止条件として譲渡担保の目的物となり，動産群から分離することを解除条件として譲渡担保の目的物でなくなるという内容をもったものであるとする。すなわち，分析論では，流動動産譲渡担保は，個々の動産譲渡担保の束ということになる。これに対して，集合物論は，流動する動産群を1個の「集合物」としてとらえ，この集合物を担保目的物とするものである。現在のところ，判例・学説とも，集合物論で一致している（最判昭和54年2月15日民集33巻1号51頁，最判昭和62年11月10日民集41巻8号1559頁など）といってよいであろう。

（イ）　特定性――担保目的物の範囲

流動動産譲渡担保権が有効に成立するためには，担保目的物の範囲が特定していなければならない。目的物の特定は，流動動産譲渡担保だけではなく，譲渡担保一般，さらには，物権の成否において，常に，問題になることはいうまでもない。というのは，物権は物に対する権利である以上，その目的物がはっきりしないことには，成立のしようがないからである。しかし，流動動産譲渡担保では，担保目的物が変動する分，担保目的物の特定が重要になってくる。

特定の方法として，判例は，一般論としては，「その種類，所在場所及び量的範囲を指定するなど」の方法によるとしている（前掲最判昭和54年2月15日，前掲最判昭和62年11月10日）。具体的には，前掲最判昭和54年2月15日は，「倉庫の中の食用乾燥ネギフレーク44トンのうち28トン」という定め方では，倉庫の中にある食用乾燥ネギフレークのうちのどれが担保目的物か不明であるとして，特定性はないとした。これに対して，前掲最高裁昭和62年11月10日判決では，「A会社の第一ないし第四倉庫内及び同敷地・ヤード内」に存在する「普通棒鋼，異形棒鋼等一切の在庫商品」という定め方は，特定性があると判示した。結局のところ，特定の方法を一律に定めるのは不可能であり，事案ごとに，特定性の有無を判断するほかはないということである。

(ウ)　対 抗 要 件

流動動産譲渡担保の対抗要件は，特定動産譲渡担保と同様に，占有改定で足りる（前掲最判昭和 62 年 11 月 10 日）。この点，集合物論にあっては，集合物自体が目的物であるので，集合物について，設定時に，占有改定がなされれば，以後，集合物の内容となった動産についても，何らの対抗要件を必要とせず，自動的に，対抗要件が備えられたことになる（前掲最判昭和 62 年 11 月 10 日）。すなわち，(1)で述べた②の要件を満たすことができる。

Column㊾　集合物論と動産債権譲渡特例法

分析論では，対抗要件について，(1)で述べた②の要件を満たすために，いまだ，設定者が取得していない動産について，「あらかじめの占有改定」によって対抗要件を具備すると説明する。

すなわち，将来，個々の物が集合物に加入することを停止条件として，その加入時に当然に——あらためて占有改定の意思表示をすることを要しないで——占有改定がなされるという契約を締結することによって，譲渡担保権者は，個々の物が流入した時点において，当然に占有権を取得する——対抗要件を具備する——という。しかし，この説明は，占有が観念化されているとはいえ，あまりにも技巧的で，不自然である。その意味では，集合物論は，(1)で述べた②の要件を満たすために考案された理論といっても過言ではないだろう。そこで，(エ)で述べるように，同じ集合物論の中でも見解が分かれる問題が少なくない。

ところで，**2**(2)(イ)で述べたように，動産譲渡登記制度の創設により，流動動産譲渡担保は，動産譲渡登記によっても，対抗要件を具備することができるようになった。すなわち，譲渡担保設定時において，現在および将来，設定者が取得する動産について動産譲渡登記をすれば，(1)で述べた②の要件を満たすことが可能になった。したがって，今後，集合物論を採用する必要性はなくなるといえるのではないだろうか。この点，疑問を提示しておく。

(エ)　残された問題

(ア)から(ウ)までで述べた問題は，流動動産譲渡担保の設定，言葉を換えると入口に関しての問題である。現在，入口に関する問題については，かなり解明されてきたが，その効力や実行をめぐっては，不明な点が少なくない。その大きな原因は，集合物論にあっては，集合物を1個の物として扱うために，集合物とそれを構成する個々の動産との関係をどのようにとらえるかについて，集合物論の中において見解の一致をみていないことにある。そして，その原因をさらに遡れば，集合物をどこまで実体を伴った存在としてとらえるかの差にある。今，それらの見解の両極を示すと，以下のようになる。

すなわち，集合物論の意味は，(1)で述べた②の要件を満たすことに尽きるととらえる見解では，集合物を個々の動産に譲渡担保の効力を及ぼすための道具としてのみとらえる。集合物がフィクションであることを端的に認めるこの見解にあっては，個々の動産は，譲渡担保の直接の目的であるということになる。これに対して，集合物に実体を認め，担保の目的物は，あくまでも集合物であるととらえる見解にあっては，流動動産譲渡担保の実行開始までは，個々の動産は譲渡担保の目的ではないということになる。

Column㊿　個々の動産の処分

(1)の③で述べたように，営業の通常の範囲内で処分された担保目的物は，担保権の拘束を脱するので，処分の相手方は担保権の負担のない所有権を取得するということには異論はない。それでは，営業の通常の範囲を超える処分がされた場合はどうだろうか。同じ集合物論といっても，考え方が分かれる。すなわち，担保の目的物は集合物ととらえる見解では，処分された動産は，処分が営業の通常の範囲内か否かにかかわらず，集合物を離脱すれば担保権の拘束を脱すると考える。これに対して，個々の動産も譲渡担保の直接の目的であるととらえる見解では，営業の通常の範囲を超える処分であれば，たとえ，集合物から離脱しても担保権の拘束を脱することはできないと考える。

この点，最判平成18年7月20日（Column㊺参照）は，「設定者がその目的物である動産につき通常の営業の範囲を超える売却処分をした場合，当該処分は上記権限〔通常の営業の範囲内で処分する権限―著者注〕に基づかないものである以上，……譲渡担保の目的である集合物から離脱したと認められる場合でない限り，当該処分の相手方は目的物の所有権を承継取得することはできない」と判示する。同判決は，処分された動産が，集合物から離脱しておらず，集合物内にとどまっている事案であったために，結論としては，処分の相手方の所有権取得を認めなかった。したがって，同判決は，通常の営業の範囲を超えて処分された動産が集合物を離脱した場合の担保権の帰趨について直接，判示するものではないが，集合物を離脱すれば，担保権の拘束を脱するとの立場に立つといえよう。

Column㉛　流動動産譲渡担保と動産売買先取特権

Xは，Aの第1ないし第4倉庫内および同敷地ヤード内に存在する普通棒鋼・異形棒鋼等一切の在庫商品を流動動産譲渡担保にとっていたところ，Yは，自らがAに売却した在庫商品について，動産売買先取特権に基づいて，競売を申し立てた。この競売申立てが認められたために，Xは，この競売手続を排除するべく，Yに対して，所有権に基づく第三者異議訴訟を提起した。

前掲最判昭和62年11月10日は，(ウ)で述べたように，集合物に加入した個々の動産には譲渡担保権の対抗要件が及んでいるとの前提に立ち，Xは，当該動産の引渡しを受けたといえるので，333条の第三取得者に該当するとして，譲渡担保権者による第三者異議の訴えを認めた（Column㉝参照）。

この判決に対しては，2つの方向から批判がある。1つは，個々の動産は，譲渡担保権の目的ではないので，譲渡担保権者は，そもそも，動産売買先取特権の実行に対して異議を述べることはできないという批判である。もう1つは，流動動産譲渡担保に限らず，譲渡担保権と動産売買先取特権の優劣に対する最高裁の判断に対する批判である。したがって，この批判は，個々の動産は譲渡担保権の目的であるという点については，最高裁と同じ立場に立

図4-9

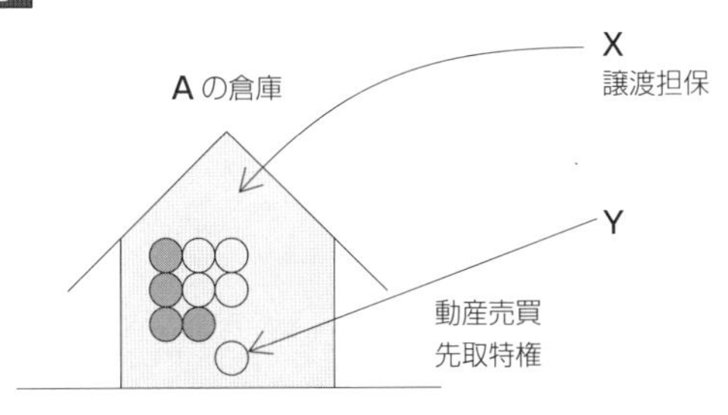

つ。この批判は次のように述べる。すなわち，譲渡担保権は，その実質は担保である以上，担保権者として保護すれば足り，333条の第三取得者に該当するというのは保護のしすぎである。そして，譲渡担保権と動産売買先取特権の優劣については，同じく約定担保権である質権と動産売買先取特権の優劣に関する334条，330条を類推適用すべきだと主張する。

(3)　流動債権譲渡担保

(ア)　法的構成

(2)で説明したように，現在のところ，流動動産譲渡担保については，判例・学説ともに，集合物論で，ほぼ一致をみているといってよいであろう。しかし，集合物論がとられる最大の理由は，(1)で述べた②の要件を満たすため，すなわち，一度の対抗要件具備によって，将来，設定者が取得するであろう動産に対する対抗要件具備を可能にするためである。しかし，債権の場合は，(ウ)で述べるように，そのために，「集合債権」という概念をもってくる必要はないので，流動債権譲渡担保については，分析論に立ち，個別債権の譲渡担保の束として構成すれば足りる。

Column㊿②　複数の個別債権の譲渡担保と個別債権の譲渡担保の束

流動資産の譲渡担保において把握されているのは，実質的には，瞬間，瞬間において，在庫商品という動産群や売掛債権という債権群が全体として有している価値であり，一定の継続する期間に設定者が取得する動産や債権すべての価値を累積的に把握しているわけではない。したがって，流動債権譲渡担保の実行は，ある時点において，その目的となっている債権のみを対象として行われるべきであり，その時点以後に設定者が取得した債権は，もはや，担保の目的とはならないと解すべきである。したがって，流動債権譲渡担保は，単に個別債権の譲渡担保が複数あるのではなく，複数の個別債権の譲渡担保が束ねられている束として捉えるべきである。

(イ)　流動債権譲渡担保の有効性

❶　将来債権譲渡の有効性　　(ア)で説明したように，流動債権譲渡担保

を個別債権の譲渡担保の束として構成すると，(1)で述べた①の要件を満たすためには，将来債権の譲渡――将来発生する債権を未発生の時点で譲渡すること――の有効性が認められなければならない（改正466条の6参照）。

この点，かつて，下級審において，将来債権の譲渡は譲渡時から1年分に限って有効であるとされていた。しかし，最判平成11年1月29日民集53巻1号151頁は，将来の長期間にわたる債権の包括的譲渡について，❷で説明する特定性が満たされている限り，その有効性を認めた。ただし，例外的に，譲渡によって，営業活動等をはじめとして譲渡人の自由が極度に拘束される場合と他の債権者に不当な不利益を与える場合には，譲渡は，公序良俗違反として無効となると判示している。

❷　特定性　　流動債権譲渡担保にあっても，それが有効に設定されるためには，目的債権が特定されていなければならない。すなわち，将来，発生する債権のうち，どの債権が担保の目的となっているかが識別できなければならない。特定の方法としては，債権発生原因，発生時期，第三債務者（担保の目的となった債権の債務者），金額，弁済期などが考えられる。しかし，流動動産譲渡担保について述べた（(2)(イ)参照）と同様に，結局のところ，特定の方法を一律に定めるのは不可能であり，事案ごとに，特定性の有無を判断するほかはない（最判平成12年4月21日民集54巻4号1562頁）。

なお，流動債権譲渡担保の場合，将来，発生が不確実な債権をその目的とできるか否かが争われた。前掲最判平成11年1月29日は，債権発生の可能性は譲渡契約の当事者が自らのリスクで判断すべきことであり，債権の発生の可能性が低かったことは，譲渡契約の効力を，当然に左右するものではないと判示した。

（ウ）対抗要件

債権譲渡担保の場合，その対抗要件は債権譲渡の対抗要件である。現在，債権譲渡の対抗要件には，467条2項が定める確定日付ある証書による債務者への通知・債務者の承諾と動産債権譲渡特例法が定める債権譲渡登記がある。(1)で述べた②の要件を満たすためには，将来債権の譲渡について，債権発生前である流動債権譲渡担保設定契約時に具備した対抗要件によって，対抗力が認められなければならない。

この点，467条2項が定める通知・承諾の場合には，債権発生前に行った通知・承諾によって対抗力が生じるかという問題と，1つの通知・承諾で将来の包括的債権譲渡の対抗要件となりうるかという2つの問題がある。

まず，前者については，判例によって早くから認められており（大判昭和9年12月28日民集13巻2261頁），後者についても肯定してよい。というのは，民法が通知・承諾を対抗要件とした趣旨は，当該債権の帰属について，債務者をして，当該債権に対して利害関係をもとうとする第三者のためのインフォメーション・センターとしての役割を担わせることにあった。そこで，包括的な通知・承諾であっても，債務者はそのような役割を担うことは可能だからである。

しかし，実務では，担保設定時に，467条2項による通知・承諾が行われることはほとんどないようである。その理由としては，担保の目的が債務者の異なる小口・多数の債権である場合には，債務者ごとに確定日付ある証書による通知・承諾を経なければならないので，その手間と費用は膨大なものになってしまう。さらに，流動債権譲渡担保では，(1)で述べたように，設定者の信用状態に問題がない限り，従前どおり，設定者に取立権が与えられているので，第三債務者（担保の目的となった債権の債務者）に譲渡を知らせる必要がないということが挙げられる。そこで，流動債権譲渡担保の対抗要件具備を容易にするために，1998（平成10）年，債権譲渡登記が創設された。債権譲渡登記によって，登記という第三者を巻き込まないサイレント方式によって債権譲渡の対抗要件を具備することが可能となった。ただし，債権譲渡登記によって対抗要件を具備できるのは，法人が金銭債権を譲渡する場合に限定されている。

第4節　所有権留保

1　意　義

所有権留保は，第1節1で述べたように，売買において，売主が未払代金の支払確保のために用いる担保手段である。すなわち，売主は，買主との間で，売買の目的物の占有は買主に移すものの，代金が完済されるまでは，目的物の所有権を自己に留保しておく約定をする。これが所有権留保である。代金が完済されない場合，売主は，留保している所有権に基づいて目的物を取り戻し，これを代金債権に充当することによって，その優先的な回収をはかるというわけである。

所有権留保は，動産，不動産いずれの売買においても用いることができそうである。しかし，不動産の場合，宅地建物取引業法43条が，宅地建物取引業者が売主となって行う売買契約について，所有権留保を禁じており，また，所有権留保を用いなくても，他にも利用できる非占有型担保制度がある。そのため，所有権留保は，主に，動産の割賦販売において用いられており，割賦販売法7条も，一定の商品について割賦販売が行われたときは所有権留保がなされたものと推定している。そこで，以下では，動産の所有権留保について説明することにする。

2　法律構成——譲渡担保との関係

1で述べたように，所有権留保は，目的物の売買契約において，代金完済まで売主から買主への所有権の移転を留保するとの約定をすることによって行われる。所有権留保をこの約定どおりに法律構成すると，目的物の所有権は代金完済まで売主が有しており，買主は，代金完済という停止条件が成就したとき，はじめて，所有権を取得できることになる（所有権的構成）。しかし，所有権留保も，その目的は売買代金債権の担保であるので，債権者（売主）が担保の目的で所有権を有しているという点では，譲渡担保と共通している。したがって，所有権留保にあっても，譲渡担保と同じく，買主にも物権的な権利が帰属していると解すべきである（担保的構成）（第3節1(2)参照）。

Column㊸　流動動産譲渡担保と所有権留保

Column㊶で紹介したように，判例は，流動動産譲渡担保と動産売買先取特権が競合した場合には，前者が全面的に優先すると判示した。それでは，売主が，買主との間で，商品について所有権留保の約定をしていた場合は，どうなるだろうか。最判平成30年12月7日民集72巻6号1044頁は，所有権留保の約定がされた動産が流動動産譲渡担保の目的となっている在庫商品となった事案において，当該動産の所有権は，売買代金が完済されるまでは売主から買主に移転しないものと解するのが相当だとして，当該動産には譲渡担保権の効力は及ばないと判示した。この局面では，最高裁は，所有権留保について，所有権的構成を採用している。

3　設定当事者と第三者との関係

目的物の占有は買主にあるので，売主側の第三者との関係は，ほとんど問題にならない。これに対して，買主側の第三者との関係では，以下のような問題がある。

買主が目的物を第三者に売却した場合には，①所有権的構成に立てば，買主は無権利であるために，第三者が即時取得（192条）した場合に限って，売主は所有権を失うことになる。②担保的構成に立っても，第三者は即時取得の要件を満たした場合に限って完全な所有権を取得することになる（第3節2(5)(イ)❶参照）。

図4-10

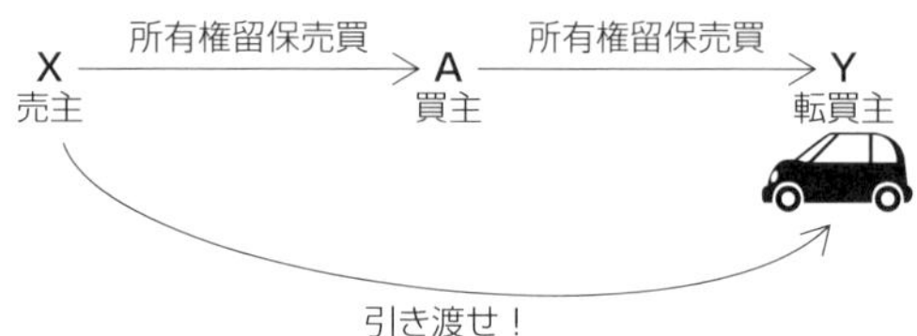

ただし，〔図4-10〕にあるように，自動車がディーラーであるX（売主）からサブ・ディーラーのA（買主）へ，さらに，一般ユーザーであるY（転買主）へと，それぞれ所有権留保付きで売却されたように，目的物が転売を予定している場合には，Yの保護は即時取得に委ねておけば足りるのだろうか。さらに，自動車の場合には，登録自動車には即時取得の適用がない（最判昭和62年4月24日判時1243号24頁）。

最判昭和50年2月28日民集29巻2号193頁は，YがAに対して代金を完済したのに，AがXに対して代金支払いを怠っている事案において，XのYに対する目的物引渡請求を権利濫用としてしりぞけた。しかし，判例によれば，所有権は，依然として，Xにあることになるため，学説においては，Yの所有権を認めるべく，代理人構成――AをXの代理人とする――や授権構成――XはAに転売の権限を付与した――が主張されているが，どれも，「帯に短し，たすきに長し」である。

買主の一般債権者が目的物を差し押さえた場合，判例（最判昭和49年7月18日民集28巻5号743頁）は，売主による第三者異議の訴えを認めている（第3節 **2** (5)(イ)❷参照）。

4　実　　行

売主は，代金を支払ってもらえない場合には，留保している所有権に基づいて，目的物を引き揚げて，目的物を換価するなどして，他の債権者に優先して代金債権を回収することができる。売主は，目的物を引き揚げる，すなわち，所有権留保の実行に際して，売買契約を解除する必要があるか否かについては議論が分かれている。担保的構成に立つ場合には，解除は不要であり，譲渡担保と同じく，担保権実行のための意思表示によって実行が開始され，債権者である売主は目的物価額と被担保債権額の差額について清算義務を負うと解すべきである。

ただし，所有権留保の場合は，譲渡担保とは異なり，被担保債権は目的物自体の代金債権であり，また，その目的物は減価率の大きい動産である。そのため，その実行に際しては，目的物価額と被担保債権額の差額があまりない。すなわち，実際に清算義務の発生する余地は少ないと推測される。

事 項 索 引

●あ　行

●か　行

●さ　行

●た　行

●な　行

●は　行

●ま　行

●や　行

●ら　行

判例索引

●大　審　院

●最高裁判所

●著 者 紹 介

角　紀代恵（かど きよえ）

1955 年　富山県生まれ

1978 年　東京大学法学部卒業

現　在　立教大学名誉教授

　　　　弁護士（島田法律事務所）

〈主 要 著 書〉

『手続法から見た民法』（共著，弘文堂，1993）

『ロースクールを考える　21 世紀の法曹養成と法学教育』（共著，成文堂，2002）

『わかりやすい担保・執行法改正』（共著，弘文堂，2004）

『基本講義　債権総論』（新世社，2008）

『受取勘定債権担保金融の生成と発展』（有斐閣，2008）

『民法総則・物権法総論〔第 2 版〕』（コンパクト法学ライブラリ）（新世社，2018）

『新注釈民法（7）――物権（4）』（分担執筆，有斐閣，2019）

はじめての担保物権法（第 2 版）

2013 年 5 月 30 日　初　版第 1 刷発行
2021 年 2 月 15 日　第 2 版第 1 刷発行

著　者　角　紀代恵

発行者　江草貞治

発行所　株式会社　有斐閣

郵便番号 101-0051
東京都千代田区神田神保町 2-17
電話　(03)3264-1314〔編集〕
　　　(03)3265-6811〔営業〕
http://www.yuhikaku.co.jp/

印刷・大日本法令印刷株式会社／製本・大口製本印刷株式会社

ISBN 978-4-641-13854-4